KINDER SPIELEN IN IHRER STADT
SPIELRÄUME IN FREIBURG
1900–2000

Herausgegeben von
Carola Schelle-Wolff,
Stadtbibliothek Freiburg
und Hartmut Zoche,
AK Regionalgeschichte, Freiburg

modo Verlag Freiburg

Die Deutsche Bibliothek – CIP-Einheitsaufnahme

Kinder spielen in ihrer Stadt :
SpielRäume in Freiburg 1900 - 2000 /
hrsg. von Carola Schelle-Wolff und Hartmut Zoche. -
1. Aufl. - Freiburg i. Br. : Modo Verl., 2000
ISBN 3-922675-78-6

Gestaltung: Michael Wiesinger, Freiburg i. Br.
Scans: schwarz auf weiß GmbH, Freiburg i. Br.
Lektorat: Christof Lehr, Freiburg i. Br.
Herstellung: Druckerei Weber, Freiburg i. Br.

1. Auflage 2000

Printed in Germany
ISBN 3-922675-78-6

Inhalt

Zum Geleit

»SpielRäume – Kindheit in Freiburg von 1900 bis 2000-X« lautete der Titel einer Ausstellung, welche anlässlich des Millenniums in der Stadtbibliothek zu sehen war. Mit zahlreichen Fotos und Spielzeug trugen zahlreiche Freiburgerinnen und Freiburger dazu bei, diesen bisher vernachlässigten Aspekt der Stadtgeschichte darzustellen. In begleitenden Vorträgen haben Mitglieder des Arbeitskreises Regionalgeschichte spezielle Aspekte Freiburger Kindheiten beleuchtet. Die Ausstellung, Teil eines vom städtischen Kinderbüro, dem Seniorenbüro und der Stadtbibliothek initiierten Projektes, hat deutlich werden lassen, wie nachhaltig sich der Charakter des Spiels im Laufe des vergangenen Jahrhunderts geändert hat und wie viele Orte im sogenannten »öffentlichen Raum« heute nicht mehr für das Spiel zur Verfügung stehen.

In der bundesweit beachteten Freiburger Kinderstudie, die Baldo Blinkert im Auftrag der Stadt Freiburg erstellte und 1993 unter dem Titel »Aktionsräume von Kindern in der Stadt« publizierte, sind genau diese Probleme angesprochen: Kinder ziehen sich zum Spiel zunehmend in die eigenen vier Wände zurück, weil sie nur dort ausreichenden Raum zur eigenen Gestaltung vorfinden. Kindliche Gestaltungsräume in der Stadt mahnte die Studie damals an, Räume, deren Zweckbestimmung noch nicht von Planern oder Gestaltern festgelegt worden ist. Seither haben Kinder in Freiburg spürbar mehr Freiräume gewonnen. So werden immer mehr Spielplätze naturnah ausgebaut, Schulhöfe nach Vorstellungen und unter Beteiligung der Schülerschaft umgestaltet oder Spielstraßen neuen Typs eingerichtet, in welchen der teure niveaugleiche Ausbau von Fahrbahn und Fußwegen unterbleibt. Die flächendeckende Verkehrsberuhigung, der ständige Ausbau des Radwegenetzes und des Öffentlichen Personennahverkehrs tun ein Übriges, die Stadt kinderfreundlicher und damit menschenfreundlicher zu gestalten – mit Erfolg, wie auch neutrale Instanzen feststellten. So ist Freiburg 1997 zusammen mit 14 weiteren Kommunen im Bundeswettbewerb »Kinder- und familienfreundliche Gemeinde« ausgezeichnet worden und hat im selben Jahr in einer entsprechenden Focus-Umfrage den Spitzenplatz belegt. Wichtige »Motoren« dieser Entwicklung sind die gemeinderätliche Kinderkommission und das 1990 gegründete Kinderbüro, welche Kinderinteressen im Verwaltungsalltag und in der Kommunalpolitik mit Nachdruck vertreten.

Das Buch »Kinder spielen in ihrer Stadt – Kindheit in Freiburg 1900 bis 2000« ist mehr als eine Dokumentation von Ausstellung und Vorträgen. Mit seinen Textbeiträgen und über 200 Fotos ermöglicht es unterschiedliche Blicke auf die Vergangenheit und Gegenwart kindlicher Spielräume in Freiburg. Ich danke allen an dem Projekt Beteiligten sowie dem Modo-Verlag für ihr Engagement und wünsche der Publikation eine interessierte Leserschaft.

Freiburg, im November 2000

Dr. Rolf Böhme
Oberbürgermeister

Das Projekt
»Kindheit in Freiburg«
Brigitte Grether

Mit dem Jahr 1999 ging das »Jahrhundert des Kindes« zu Ende, aber auch das von der UNO ausgerufene »Internationale Jahr der Senioren«. Das Kinderbüro der Stadt Freiburg hat die Jahrhundert- und Jahrtausendwende zum Anlass genommen für eine Rückschau in Sachen Kindheit. Im Vordergrund standen Fragen: Wie wuchsen frühere Generationen in Freiburg auf, wie und wo spielten sie, wo trieben sie Sport im Jahr 1920, im Jahr 1950 oder 1980 und was hat die Stadt Freiburg getan für ihre Kinder?

Das Projekt »Kindheit in Freiburg« sollte Veränderungen aufzeichnen, Zusammenhänge herstellen und dabei alle Generationen ansprechen. Es sollte anregen zum Mitmachen und Nachmachen, in die Stadt ausstrahlen sowie Vernetzungen herstellen und intensivieren. Wir wünschten uns, dass Menschen unterschiedlicher Arbeits- und Interessenbereiche zusammenarbeiten und wollten das bürgerschaftliche Engagement fördern. So luden das Kinder- und das Seniorenbüro im Januar 1999 zu einer ersten Besprechung: Zusammen mit der Stadtbibliothek und dem Arbeitskreis für Regionalgeschichte entwickelte man Ideen und suchte weitere Interessierte.

Aktiv beteiligt haben sich schließlich: der Arbeitskreis Regionalgeschichte, die Arbeitsgemeinschaft Freiburger Stadtbild, die Begegnungsstätte Laubenhof, die Begegnungsstätte Stühlinger, der DRK-Sozialdienst der Reinhold-Schneider-Schule, die Emil-Thoma-Realschule, die Evangelische Fachschule für Sozialpädagogik, die Hebelschule, das Heinrich-Hansjakob-Haus, die Katholische Fachschule für Erzieherinnen, die Katholische Fachhochschule, die Kinderseite der Badischen Zeitung, die Firma SiTies, das Spielmobil, der Turnseehort, Vista Tour, das Wentzinger-Gymnasium, die Zinnfigurenklause. Von der Stadt Freiburg waren beteiligt: das Forstamt, das Gartenamt, das Kinderbüro, das Seniorenbüro und die Stadtbibliothek.

Zum Höhepunkt des Projekts wurde die Ausstellung in der Stadtbibliothek »SpielRäume – Kindheit in Freiburg 1900 – 2000-X«. Je länger die Ausstellung lief, desto besser waren die Vorträge und Führungen besucht. Es entstand ein richtiger Boom und viele Freiburger jeden Alters hatten etwas von

*Spielplätze
der Zukunft werden
entworfen*

der Ausstellung. Die Älteren konnten ihre Erinnerungen auffrischen und Geschichten erzählen, die Jüngeren konnten sehen, wie es früher war. Entwicklung war spürbar, sichtbar, erlebbar.

Daneben waren die Veranstaltungen besonders eindrücklich, die Jung und Alt zusammenbrachten – wie »Spielen damals und heute«, eine Begegnung zwischen Acht- bis Dreizehnjährigen und Seniorinnen und Senioren. Erster Kommentar eines Dreizehnjährigen am Ende des Nachmittags: »Voll cool, der Nachmittag.« Eine bessere Bewertung eines Jungen kann es wohl kaum geben – er fand es »einfach cool«, zu erfahren, wie seine Altersgenossen vor 60 oder 70 Jahren in Freiburg gespielt haben. Straßenspiele mit Ball und Steinen um den Oberlindenplatz waren damals möglich, denn der Platz war noch fast ohne Verkehr, aber es gab schon Konflikte mit den Erwachsenen, vor allem mit den Geschäftsleuten, die mehr Ruhe vor ihren Geschäften wollten. Ein von der Seniorenbegegnungsstätte Stühlinger und der Kreuzgemeinde gemeinsam veranstaltetes Treffen von Kindern und Senioren in der Hebelschule machte manche Gemeinsamkeiten, aber auch viele Unterschiede des Schülerlebens damals und heute klar. So war der Schulweg früher sehr weit, sogar vom Flugplatz kamen die Kinder zu Fuß und waren oft schon bei der Ankunft in der Schule müde. Heute, sagen die Kinder, trödeln sie gern, vor allem auf dem Weg von der Schule nach Hause – der Weg sei kurz.

Das Ziel, Generationen miteinander ins Gespräch zu bringen, wurde erreicht –- für die Kinder, die Senioren und Veranstalter ein spannender Versuch, der überall, wo man ihn unternahm, wiederholt und fortgeführt wird.

Mehrere Klassen der Emil-Thoma-Realschule vertieften das Thema. Sie erstellten eine Dokumentation mit einer »Synopse über die vergangenen 100 Jahre« zu den Themen: Essen, Kleidung Schule, Freizeit, Taschengeld, Schulweg, Geschenke, Musik und Ferien. Entwicklungen und Unterschiede sind eindrücklich aufgezeigt.

Brigitte Grether

Und dann mit der Modellbauaktion »Spielplätze der Zukunft« der Blick nach vorne: Aus Materialien aller Art wurde geklebt, gebastelt, gezimmert. Die Kinder wünschten sich viel Grün, Wasser, einen Platz zum Unterstellen, eine Schleudernetzschaukel, die einen ins All befördert, Baumhäuser und Raumschiffe.

Deutlich wurde beim Projekt: Den meisten Kindern geht es heute materiell besser als früher, sie haben mehr Spielzeug und werden mehr betreut. Was sich verändert hat, sind die Möglichkeiten zum Spielen im Freien und damit auch zum eigenständigen, nicht vorgegebenen, nicht betreuten Spiel.

Vielleicht gibt es ja Zusammenhänge zwischen dem Charakter des Spiels im öffentlichen Raum und der Generation, die heranwächst, zwischen dem organisierten Geländespiel der dreißiger Jahre und der Begeisterung, in den Krieg zu ziehen, zwischen dem die Kreativität herausfordernden Spiel auf den Trümmergrundstücken und der Aufbaugeneration der fünfziger Jahre. Und auch für das Medienzeitalter gilt: Es gibt Dinge, die kann man nur auf der Straße lernen, zum Beispiel, dass man als Stadtbürger Verantwortung füreinander entwickeln muss sowie Toleranz und Akzeptanz Fremden gegenüber. In unserer Zeit der großen »Events« ist es schwierig, der Kultur des Alltags einen Platz zu geben und fast unmöglich, dafür finanzielle Mittel zu bekommen. Dem Engagement Vieler verdanken wir, dass das Projekt vielen Freiburgerinnen und Freiburgern den Blick zurück und nach vorne ermöglicht hat.

»Kindheit in Freiburg« hat gezeigt, wie unterschiedlich das Aufwachsen in Freiburg war, und gibt Hinweise darauf, was auch im neuen Jahrtausend im Interesse der Kinder unserer Stadt nötig ist. ☞

SpielRäume –
Kindheit in Freiburg
1900 bis 2000-X.
Mehr als eine Ausstellung

Carola Schelle-Wolff /
Sandra Haußecker

Gemeinsam hatten Frau Grether vom Kinderbüro und Frau Konfitin vom Seniorenbüro der Stadt Freiburg die Idee, im Rahmen der städtischen Millenniumsfeierlichkeiten um die Jahreswende 1999/2000 eine generationenübergreifende Veranstaltungsreihe zum Thema »Kindheit in Freiburg« zu organisieren.

Eine Ausstellung war von Anfang an geplant, und die Hauptstelle der Stadtbibliothek bot sich auf Grund ihrer zentralen Lage, ihrer hohen Besucherzahlen und ihres alle Altersgruppen umfassenden Publikums in hervorragender Weise an.

Ein Jahrhundert Kindheit in Freiburg – ein großes Thema, für eine Ausstellung ein zu großes Thema. Wie sollten sämtliche Aspekte von Kindheit – Familie, Wohnung, Schule, Spielzeug, Spielen, Hobbys, Musikunterricht, Sport, Vereine, Lesen und viele mehr – über einen Jahrhundertzeitraum sinnvoll dargestellt werden?

Mit der Konzentration auf die öffentlichen »Spielräume« wurde schließlich bewusst ein Thema gewählt, das einen engen Bezug zu städtischem Handeln und zu stadtpolitischen Entscheidungen hat, das während des ganzen Jahrhunderts die Stadtpolitik beschäftigte und mit dem alle Bürgerinnen und Bürger Erinnerungen verbinden. Die Spielräume und die Bedingungen für das Kinderspiel im Freien, das war an der Wahl faszinierend, haben sich in den Jahrzehnten stark gewandelt, doch es gab auch Kontinuitäten zu beobachten – wie zum Beispiel Konflikte um Kinderlärm.

Die Spielräume Straße, Spielplatz, Schwimmbad, Park oder Wald und natürlich die Freiburger Bächle wurden in der Ausstellung anhand von Fotos und kurzen Kommentaren genauso wie die jeweils typischen Spiele mit den dazu gehörenden Spielsachen dokumentiert.

Bei der Konzeption der Ausstellung wurden als Ziele formuliert:

• Die Ausstellung soll ein lebendiger Beitrag im Rahmen der städtischen Millenniumsveranstaltungen sein, der Jung und Alt anspricht.

• Der Ausstellungsbesuch soll zu einem Erlebnis werden, das zum Mitmachen und Nachmachen anregt, das geschichtliches Lernen konkret und auf eine spielerische Weise ermöglicht.

• Die Ausstellung soll einen Zugang zu einem in der angestrebten Breite bisher unbearbeiteten stadtgeschichtlichen Thema bieten. Sie soll Material zu einer intensiven Beschäftigung mit dem Thema präsentieren und zu weiterer Forschung animieren.

11

Carola Schelle-Wolff /
Sandra Haussecker

• Die Ausstellung soll in die Stadt ausstrahlen, Vernetzungen herstellen und Menschen ins Gespräch bringen.

• Menschen unterschiedlicher Arbeits- oder Interessensbereiche und Generationen sollen an einem Thema in der Vorbereitung und in der Auseinandersetzung mit der Ausstellung zusammengeführt werden.

• Gezielt soll bürgerschaftliches Engagement durch die Ausstellung und bei der Ausstellungsvorbereitung gefördert werden.

Da weder die Stadtbibliothek noch das Kinderbüro, das Seniorenbüro oder der sich früh bei der Ausstellungsvorbereitung engagierende Arbeitskreis Regionalgeschichte über eigene Sammlungen zum Thema Kindheit bzw. Spielen im Freien verfügte, standen vor der Realisierung der Ausstellung Aufrufe an die Bevölkerung: Über die Presse wurden die Freiburgerinnen und Freiburger gebeten, Fotos und Spielgegenstände zur Verfügung zu stellen. Außerdem wurden Archive nach Fotos und Akten nach interessanten Begebenheiten durchsucht, Zeitzeugen befragt und sogar ein paar Filmausschnitte aus der Zeit von 1929 bis 1933 aus Privatbesitz konnten gefunden werden.

Vor allem durch direkte, persönliche Ansprache kamen schließlich über 200 Fotos und mehr als 120 Leihgegenstände zusammen – von Murmeln, Reifen und Kreisel über Schlitten oder Rollschuhe bis zum Dreirad oder Tretauto war vieles vertreten. Der Kindermagnet rollte dann noch eine Woche vor Ausstellungsbeginn ein: eine Seifenkiste aus den fünfziger Jahren.

Da die Ausstellung nicht in einem separaten Bereich, sondern mitten in der Bibliothek in verschiedenen Etagen präsentiert werden sollte, musste sie so gegliedert werden, dass auf jeder Bibliotheksebene ein sinnvoller Zusammenhang entstand. Die Ausstellung wurde chronologisch aufsteigend in Zehnjahres-Schritten geordnet, im Untergeschoss die Jahre 1900–1929, im Erdgeschoss die Jahre 1930–1949, im 1. Obergeschoss die Jahre 1950–1969, im 2. Obergeschoss die Jahre 1970–1989 und in der Kinderbibliothek die Jahre 1990–2000. Jedes Jahrzehnt erhielt eine kleine Installation, bestehend aus mehreren Ausstellungstafeln mit Fotos, Texten und zwei fortlaufenden Zeitleisten zur deutschen Geschichte und zur Geschichte Freiburgs. Als Schauobjekte wurden Spielsachen des jeweiligen Zeitabschnitts präsentiert. Bei einigen Ausstellungsstationen gab es Videos oder Hörkassetten zum Abspielen, dazu Animations- bzw. Mitmachangebote, bei denen vor allem Kinder angeregt werden sollten, alte Spiele nachzuspielen, Spielzeug selbst zu bauen oder auch die Eltern oder Großeltern zu fragen, wie und wo sie früher gespielt haben.

Es ist gelungen, in der Ausstellung dem Wandel des Spiels im öffentlichen Raum nachzuspüren und den Verlust der Straßen und anderer, nicht reglementierter Bereiche als alltägliche Orte für kindliches Spiel zu dokumentieren. Und es zeigte sich, dass trotz vieler Wandlungen einige Themen das gesamte Jahrhundert überdauern: Bereits zu Beginn des Jahrhunderts wurde das hohe Verkehrsaufkommen durch Pferdefuhrwerke beklagt; Anwohner wollten wegen der Lärmbelästigung keine Spielplätze in ihrer Umgebung; Verbote haben Kinder schon im ersten Jahrzehnt des vergangenen Jahrhunderts besonders gereizt, und politische Ereignisse und gesellschaftliche Strömungen nahmen und nehmen

großen Einfluss auf die Spielräume und Spiele der Kinder. Ohne die Unterstützung vieler freiwilliger Helfer hätte die Ausstellung nicht realisiert werden können: Mitglieder des Arbeitskreises Regionalgeschichte suchten Material und schrieben Texte, Andere kümmerten sich um die Zeitleisten, kopierten und ordneten die Fotos. Der gesamte Teil über die neunziger Jahre wurde von der Evangelischen Fachschule für Sozialpädagogik, zusammen mit einem Freiburger Hort und mit dem DRK-Schulsozialdienst erarbeitet.

Ausstellungsplakat
Michael Wiesinger

Graphik Wiesinger

REIHE:
KINDHEIT
IN FREIBURG
1900 BIS 2000-X

Diese Reihe soll aufzeigen, wie unterschiedlich das Aufwachsen in Freiburg war und eine Anregung dafür geben, was wir in das neue Jahrtausend mitnehmen wollen.

Stadt Freiburg
Forstamt,
Gartenamt,
Kinderbüro,
Seniorenbüro,
Stadtbibliothek
und

Arbeitskreis Regionalgeschichte,
ARGE Freiburger Stadtbild,
Begegnungsstätte Laubenhof,
Begegnungsstätte Stühlinger,
DRK-Sozialdienste
der Reinhold-Schneider-Schule,
Emil-Thoma-Realschule,
Evang. Fachschule
für Sozialpädagogik,
Hans-Jakob-Realschule,
Hebelschule,
Heinrich-Hansjakob-Haus,
Kath. Fachschule für
Erzieherinnen,
Kath. Fachhochschule,
Kinderseite der Bad. Zeitung,
SiTies, Spielmobil,
Turnseehort, Vista Tour,
Wentzinger-Gymnasium,
Zinnfigurenklause

SPIELRÄUME

Ausstellung in der Stadtbibliothek
1. 12. 1999 bis 26. 2. 2000

In Zehnjahres-Schritten werden Spielsituationen durch Fotografien, Spielzeug und literarische Beschreibungen dargestellt und historisch eingeordnet.

Stadtbibliothek Freiburg
Münsterplatz 17
Öffnungszeiten:
Di–Do: 10 bis 18 Uhr
Fr: 10 bis 19 Uhr
Sa: 10 bis 13 Uhr

Auch bei der Ausstellungsgestaltung wurde die Bibliothek unterstützt: Das städtische Forstamt baute passend zu einer kleinen Fotoserie über den Bau eines Wasserrades die entsprechende Waldszene nach, das Gartenamt brachte einen Sandkasten in die Bibliothek, der während der Ausstellung rege von Kindern genutzt wurde, ein Freiburger Spielzeugladen stellte aktuelles Spielzeug zur Verfügung. Auf der Dankesliste der Stadtbibliothek waren letztlich 24 Partner vermerkt. Diese Vielfalt der Kooperationen trug wesentlich zum Gelingen der Ausstellung bei.

Begleitend zur Ausstellung gab es zwei Lesungen mit Freiburger Kindheitserinnerungen (aus den drei Büchern von Hans Frieder Huber und von Therese Koch aus »Meine Kindheit in St. Ottilien«), eine Vortragsreihe des Arbeitskreises Regionalgeschichte, einen Vortrag von Harald Rehbein vom Gartenamt zur Spielplatzgestaltung, mehrere Ausstellungsführungen durch Günther Klugermann und drei Modellbauaktionen für Kinder, bei denen die Spielorte der Zukunft entstanden.

Ausstellung und Begleitprogramm fanden großen Anklang. Viele Einzelne, aber auch Schulklassen, Eltern mit ihren Kindern, Senioren- und andere Gruppen kamen gezielt wegen der Ausstellung und erlebten gleichzeitig die Stadtbibliothek. Menschen, die eigentlich Bücher oder andere Medien ausleihen wollten, schauten sich interessiert um.

Bei vielen älteren Besuchern wurden Erinnerungen wachgerufen. Eine ältere Dame meldete gleich bei der Ausstellungseröffnung: »Da komme ich sicher noch öfter vorbei. Da erinnert man sich an so viel.« Und immer wieder hat die Ausstellung auch zur Kommunikation zwischen den Generationen oder zum Kramen in den eigenen alten Fotos und Kisten angeregt.

Schon bei der mit 200 Personen sehr gut besuchten Ausstellungseröffnung durch Herrn Oberbürgermeister Dr. Böhme und der anschließenden Ausstellungsführung wurde der Wunsch nach einer Dokumentation des gezeigten Materials laut. Und auch während des gesamten dreimonatigen Ausstellungszeitraums fragten Besucher/innen immer wieder nach einem Begleitbuch.

Aufgrund dieser Nachfragen und der positiven Ausstellungsresonanz haben sich Kinderbüro, Stadtbibliothek und Arbeitskreis Regionalgeschichte entschlossen, einen Sammelband zum Thema Spielen im öffentlichen Raum in Freiburg zusammenzustellen. Ein Begleitbuch im engeren Sinn ist das nun vorliegende Werk nicht, es ist vielmehr eine Dokumentation des in der Ausstellung gezeigten Fotomaterials und der überarbeiteten Vorträge, ergänzt durch zusätzliche Fotos und Textbeiträge. Damit liefert das Projekt »SpielRäume - Kindheit in Freiburg 1900 bis 2000-X« über das Jahr 2000 hinaus einen bleibenden Beitrag zur Freiburger Stadtgeschichte.

Holländer, 20er Jahre

60er Jahre

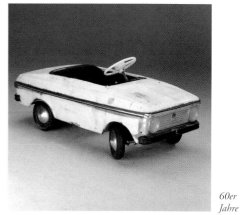

60er Jahre

30er Jahre

80er Jahre

16

50er Jahre

20er Jahre

Leihgaben
für die Ausstellung
»SpielRäume«
in der Stadtbibliothek

um 1965

30er Jahre

60er Jahre

50er Jahre

50er Jahre

um 1920

80er Jahre

18

Ende
60er Jahre

50er
Jahre

30er Jahre

60er Jahre

19

Kinderspiel im öffentlichen Raum – ein Rückblick auf das »Jahrhundert des Kindes[1]«

Manfred Lallinger

Sachbücher werden darüber geschrieben, Vorträge werden darüber auf wissenschaftlichen Tagungen und Symposien gehalten, sogar Filme werden darüber gedreht. Wir lesen davon in Fachzeitschriften, hören davon im Radio, erfahren davon im Fernsehen. Mittlerweile scheinen es alle zu wissen und immer mehr bekommen es in ihrem Bekanntenkreis und in ihrer Nachbarschaft mit: Kinder sind in diesem, unserem Lande zu einem überaus knappen Gut geworden.

»Kinderlärm ist Zukunftsmusik« und »Kinder bereichern das Leben« titeln Tageszeitungen. Sollen mit derartigen Botschaften vorzugsweise kinderlose Menschen im fortpflanzungsfähigen Alter angesprochen und dazu aufgefordert werden, bislang an den Tag gelegte Strategien des generativen Vermeidens möglichst über Bord zu werfen und kleinen Rackern das Leben zu schenken? Nichts Genaues weiß man nicht. Wie dem auch sei! Kinder gehören in den postmodernen Gesellschaften zu den bedrohten Arten, und das, obschon sich ihre Lebensbedingungen in den vergangenen 100 Jahren in einem nicht unbedeutenden Modernisierungsprogramm, genannt: »Jahrhundert des Kindes« (Ellen Key) nachhaltig verbessert haben.

Diese zu Beginn meines Artikels in der noch etwas verkrampften Auseinandersetzung mit den noch überwiegend leeren Blättern Papier niedergeschriebene Behauptung erweist sich auch bei genauerer Überlegung und ergänzender Sichtung einschlägiger wissenschaftlicher Publikationen und statistischer Zahlenmaterialien als richtig, wenn auch nicht ganz und gar. Evidenz besitzt sie etwa auf dem Gebiet der rechtlichen Absicherung und der kinderpolitischen Interessenvertretung, darüber hinaus auch im mate-

20

riellen Bereich, wenngleich seit einigen Jahren der Anteil der von finanziellen Notlagen betroffenen Kinder wieder wächst, wie die Detektive des Gesellschaftlichen, die Soziologen, festgestellt haben. Wie aber verhält es sich mit anderen Lebensbereichen? Zu welchen Befunden und Einschätzungen gelangt man, wenn man sich beispielsweise der sozialen Dimension des Raumes nähert und der Frage nachgeht, ob und in welchem Ausmaß sich im Verlauf des zwanzigsten Jahrhunderts der aktive und selbstbestimmte Umgang von Kindern mit räumlichen Gegebenheiten gewandelt hat? 1990 hat ein so ausgewiesener Fachmann wie der Bielefelder Sozialund Gesundheitswissenschaftler Klaus Hurrelmann darauf hingewiesen, dass die Aneignung von Raum als Aktionsraum, Erkundungsraum und Welterfahrungsraum für die Entfaltung von sozialen und psychischen Fähigkeiten von zentraler Bedeutung ist.[2]

Zur Beantwortung der aufgeworfenen Frage soll auf den folgenden Seiten in einem historischen Rahmen von 100 Jahren eine gedankliche Zeitreise unternommen werden. Da derartige Unternehmungen entsprechend der Losung »Früher war alles besser« schnell zu nostalgischen Rückblicken geraten, ist Vorsicht und emotionale Zurückhaltung geboten. Desweiteren ist zu betonen, dass die folgenden Ausführungen nicht den Anspruch erheben, Kindheitskonzepte zu formulieren. Wie sollte dies auf wenigen Seiten auch zu bewerkstelligen sein? Die Frage, die es zu beantworten gilt, lautet schlicht und ergreifend: »Hat sich im Verlauf des ›Jahrhunderts des Kindes‹ der aktive und selbstbestimmte Umgang von Kindern mit räumlichen Gegebenheiten gewandelt, und wenn ja: wie?« Die Frage heißt nicht: »War Kindheit früher schöner oder besser als heute?«

Bürgerliche Kindheit, um 1900

1. Kinder machen sich auf die Socken. Außerhäusliche Spielorte und Spieltätigkeiten um 1900

Im ausgehenden neunzehnten und frühen zwanzigsten Jahrhundert gelang mit der Schaffung gesetzlicher Rahmenrichtlinien in mühselig kleinen Schritten die allmähliche Ausgliederung der Proletarierkinder aus dem fabrikindustriellen Produktionsprozess. Damit begann auch für diese Kinder so etwas wie eine eigene kindliche Lebensphase zu entstehen. Lange Jahrzehnte waren sie in den betrieblichen Arbeitsprozess eingegliedert und dabei einem hohen Grad an extensiver Ausbeutung ausgesetzt gewesen, der die Lust an spielerischer Betätigung vermutlich erst gar nicht hatte aufkommen lassen. Karl Marx schrieb im »Kapital«: »Die Zwangsarbeit

21

Kindheit auf dem Lande, um 1925

Bürgerliche Kindheit, um 1900

für den Kapitalisten ... usurpierte die Stelle des Kinderspiels.«[3] Befreit vom fabrikindustriellen Arbeitszwang, konnten nun auch die Kinder der Arbeiter und Tagelöhner – sofern sie nicht als heimindustrielle Erwerbsarbeiter zur Sicherung der Lebensgrundlage ihrer Familie beitragen mussten – über freie Zeit verfügen, die sie fast ausschließlich im Freien, konkret: auf der Straße nutzten, was angesichts der damaligen Bedingungen des Wohnens von Proletarierfamilien nicht weiter verwundert. Die »Straße« war neben der familialen und schulischen Sozialisation fortan der prägende Erfahrungsraum. Diese Feststellung besitzt Gültigkeit auch – wenngleich eingeschränkt – für Kinder kleinbürgerlicher Familien, nicht aber für die Sprösslinge der von wachsendem Wohnkomfort und bestem

Wohnumfeld umgebenen (groß-)bürgerlichen Familien. Die in weiße Spitzenkleider oder Matrosenkleider gehüllten Mädchen und »echte Kieler« Matrosenanzüge tragenden Knaben bürgerlicher Herkunft nutzten bereits im ausgehenden neunzehnten Jahrhundert verstärkt die großzügig bemessenen Wohnungen und Häuser und die privat nutzbaren außerhäuslichen Grünflächen zum Spielen. Straßen, die damals selbst in den Städten vielfach nur chaussiert waren, bildeten für Arbeiterkinder und kleinbürgerliche Kinder nicht nur außerhalb der Wohnung liegende Bewegungs- und Auslaufräume. Straßen boten auch und vor allem Möglichkeiten zur Auskundschaftung und selbstbestimmten Erforschung der Umwelt, zur allmählichen Eroberung und Gestaltung des öffent-

22

Der um 1900 gebaute »Präsident«, eine Motorkutsche der Nesselsdorfer Wagenbau-Fabriks-Gesellschaft

Freizeit-Traum in der Hänge»matte«, um 1910

lichen Raums mit kleinen Schritten. Der Straßenraum war auch ein Ort, an dem Kinder die Arbeitswelt der Erwachsenen kennen lernen konnten. Handwerksbetriebe, mechanische Werkstätten, kleinere Industriebetriebe, Krämer und Trödler, der Milchmann und Tante-Emma-Läden prägten um 1900 das Bild der Innenstädte mit. Lärmende und stinkende Automobile bekam man noch eher selten zu sehen. Motorisierte Individualverkehrsmittel wie der »hochelegante« zweisitzige Personenkraftwagen »Polymobil-Gazelle« oder der von Wilhelm Maybach konstruierte Mercedes sowie Lastkraftfahrzeuge wie beispielsweise der »Motor-Lastwagen für Brauereizwecke, Viehtransport und andere Industriezweige« der Braunschweiger Firma Büssing hatten auf den Straßen noch Seltenheitswert und

bewegten sich mit einer geradezu gemächlichen Höchstgeschwindigkeit von 15 km/h fort.[4]

Auf die sensomotorische, soziale, kognitive und emotionale Befindlichkeit dürfte sich die Präsenz in der realen Welt positiv ausgewirkt haben. Kinderspiel hatte kooperativen Charakter, d.h. die Kinder spielten gemeinsam und tauschten sich aus. Wichtige Spielutensilien im Freien waren Murmeln, Reifen, Ball und Kreisel. Als Spielsachen bzw. -gegenstände dienten neben Spielzeug, das in den Städten oft schon in Läden und auf Märkten angeboten wurde, vielfach auch Gebrauchsgegenstände des alltäglichen Lebens (Haushaltsgegenstände, Verpackungsmaterial...). Spielen schloss – in der Stadt wie auf dem Land – sehr oft den Prozess technischen, genauer: herstellenden oder verändernden

Handelns ein, weil die Spielzeugvielfalt noch abhängig war von eigener Produktivität. Oftmals fertigten die Kinder ihr Spielzeug selbst, schnitzten Schiffchen, die sie in Bächen schwimmen ließen, zimmerten sich aus Brettern, abgesägten Besenstielen und ausgedienten Kinderwagenrädern Seifenkisten zusammen, falteten aus Papier Flugzeuge, bastelten Spielfiguren, Wind- und Wassermühlen, Eisenbahnen und Bahnhofsgebäude, manchmal sogar Würfel- und Brettspiele. Kinder bildeten sich mit ihren Spielsachen die Welt der Erwachsenen so ab, wie sie sie erlebten oder interpretierten.

2. »Wir konnten noch auf der Straße rumtoben«.
Außerhäusliche Spielwelten in den zwanziger und dreißiger Jahren

Schon im ersten Jahrzehnt des zwanzigsten Jahrhunderts war es zu einer wissenschaftlichen und auch pseudowissenschaftlichen Beschäftigung mit der »Spielplatzfrage« gekommen, nicht zuletzt als Reaktion auf die Verstädterung mit zunehmender Verdichtung und Versiegelung, wodurch auch wohnungsnahe Grünflächen abnahmen und sich die Luftqualität verschlechterte. Namentlich in der Zeitschrift »Die Jugendfürsorge« sowie im »Jahrbuch für Volks- und Jugendspiele« war der Spielplatz als Spezialort für Kinder ein zentraler Gegenstand hygienischer und medizinischer Diskussion, wobei häufig seine sozialhygienische Bedeutung thematisiert worden war. Bereits in einem 1901 erschienenen Artikel unter dem Titel »Über die Notwendigkeit der weiteren Schaffung von Spielplätzen in Deutschland« hatte der Verfasser ausgeführt: »Die

Unnatur der modernen Großstädte ist oft genug beklagt worden. Unter derselben hat niemand mehr zu leiden als die heranwachsende Jugend. Mit jedem Spielplatz bringen wir in die Unnatur der Großstadt ein Stück Natur: in die himmelanragenden Mauern der Häuser bringen wir Licht und Luft, frische Farbe durch das Grün der Bäume und der Rasenflächen.«[5] Zu den Verdichtungs- und Versiegelungsfolgen gesellte sich ab den zwanziger Jahren ein weiterer Ungunstfaktor: Die zunehmende Automobilisierung, die für die Heranwachsenden in den folgenden Jahren zwar noch keine gravierenden Folgen hatte, aber eine deutliche Tendenzwende ankündigte. In dem Maße, wie das Auto als Inbegriff von Mobilität, Sportlichkeit und Geschwindigkeit an Boden gewann, begannen die Straßen zu Transportbändern und ihre unmittelbaren Ränder zu Transportfolgeeinrichtungen (Stell- und Parkflächen) zu verkümmern, wodurch sich ihr sozialer Gebrauchswert für Kinder bereits in der Wiederaufbauphase nach dem Zweiten Weltkrieg und verstärkt ab den sechziger Jahren empfindlich verringern sollte.

Noch aber verbrachten die urbanen Kindergenerationen proletarischer oder kleinbürgerlicher Herkunft einen wesentlichen Teil ihrer Zeit im Freien, unbeschadet der sich abzeichnenden Erosion des öffentlichen Raumes für kleine Menschen. Sie nutzten den Straßenraum und alle Orte, an denen etwas passierte oder an denen sich etwas ereignen konnte (Zeitungskiosk, Bus- und Straßenbahnhaltestelle, Baustelle, Ruinengrundstück)[6], trotz der möglichen Sanktionen, die von informellen und formellen Kinderkontrolleuren drohten.[7] Ihr Streifraum war entsprechend groß, und die unmittelbare Wohnumgebung stellte ein Revier dar, in das sich die Kinder

Straßenspielkindheit, um 1930

Radrennen in einer Berliner Seitenstraße, 30er Jahre

nach ihren mehr oder weniger weit ausgreifenden Aktivitäten immer wieder zurückziehen konnten. Spielplätze bildeten in der Regel noch keinen oder einen eher beiläufigen Gegenstand kindlichen Interesses. Wie einer von der Psychologin und Spielforscherin Martha Muchow zu Beginn der dreißiger Jahre in Hamburg-Barmbek durchgeführten Untersuchung zu entnehmen ist, bezeichneten über 50 Prozent der befragten Kinder den Straßenbereich als ihren Lieblingsspielbereich. Die eigentliche Wohnstraße bildete für die Kinder »ein zweites, nach außen verlagertes Zuhause«, das sie für ihre Vorstöße in die »benachbarten, dann immer ferneren Straßen und Plätze (›Streifräume‹)« nutzten. Nur etwa sieben Prozent nannten die Wohnung oder den Vorgartenbereich als Lieblingsspielraum.[8] Als das »Jahrhundert des Kindes« noch vergleichsweise jung war, stellte Straßenspielkindheit immer auch eine gruppenbezogene Kindheit dar.[9] Im Straßenraum fanden die Kinder Gelegenheit zum »Schwatz«, nahmen am »öffentlichen Leben« teil und organisierten ihre durch selbst erdachte oder überlieferte Regeln bestimmten Spiele. Die gesamte Palette der damals beliebten Kinderspiele aufzuzeigen, ist im Rahmen dieses Artikels nicht möglich. Die folgende Beschreibung kann demnach lediglich fragmentarischen Charakter haben. Unter den »raumgreifenden« Ballspielen, die in den Städten und auf dem Land zu sehen und auch zu hören waren – denn lautes Kindergeschrei und -rufen lag dabei ständig in der Luft – erfreuten sich insbesondere Fußball, »Treiben«, Jägerball, Pressball und Völkerball großer Beliebtheit. »Treiben«, von Jungen und Mädchen (zusammen) gespielt, bei dem es für zwei möglichst gleichstarke Parteien darum ging, sich über vereinbarte Spielgrenzen hinauszutreiben, wurde in den zwanziger Jahren oftmals noch über eine ganze Straße oder ganze Straßenzüge gespielt. Gleiches gilt für Völkerball und Faustball.

Fußball war eine Domäne der Jungen. Mochte dem aus England stammenden Spiel bei nationalvölkisch gesinnten Erwachsenen der Makel des »Undeutschen« anhaften und von ihnen als importierte »Fußlümmelei« und »Englische Krankheit« kommentiert werden: Das Fußballfieber griff vor allem in den Städten West- und Süddeutschlands um sich, erfasste Straßenjungen und brave Ober- und Mittelschüler gleichermaßen. Da Fußball in Hinterhöfen, im unmittelbaren Straßenbereich oder auf Plätzen zumeist auf ein Tor gespielt wurde, genügte es, eine geeignete Torausfahrt zu finden, die als Angriffsziel dienen konnte. Der »Strafraum« wurde mit Kreide auf den Untergrund gemalt. Nicht immer wurde Fußball mit einem richtigen Lederball gespielt. Mal musste ein Flickenball aus Mutters Nähkiste als Ball herhalten, ein anderes Mal eine Blechbüchse. Im Badischen kam gelegentlich auch eine »Saubloodere« (Schweinsblase) zum Einsatz. Manch ein Gassenjunge trieb das Spiel vergleichsweise sicher und gepflegt und bewegte sich mit dem Ball am Fuß gewandt tänzelnd auf dem Bürgersteig, der Straße oder dem Marktplatz fort, um schließlich eine Passantin oder auch nur eine Litfasssäule oder eine Straßenlaterne schwindelig zu spielen. Freilich: Beim Fußball gibt es vielfach unvorhergesehene Situationen! Dass »der zu bewegende Ball, je mehr vom Element der Luft er in sich hat, überaus tückisch und alles andere als leicht unter die menschliche Kontrolle zu bringen ist«, um es mit Peter Handke zu sagen, stellten die Schmunzel-

stücke der Recken der Deutschen Fußball-Nationalmannschaft bei der Europameisterschaft 2000 aufs trefflichste unter Beweis. Dies nährt den Verdacht, dass der Versuch, den Ball zu bändigen und absichtsvoll auf bzw. in das Tor zu lenken, ab und an auch für die Grünschnäbel, Knirpse und Buben der zwanziger Jahre zum aussichtslosen Unterfangen geriet. Dieser Umstand mag mit dazu beigetragen haben, dass das fußballerische Treiben häufig die Grenze des erlaubten Straßenspiels markierte und deshalb nicht selten durch eine Polizei-Pickelhaube unterbunden und schließlich auf abgegrenzte Areale (Sport- oder reine Bolzplätze) verbannt wurde. Die Toleranz der Kaufleute und Händler gegenüber geräuschvollem und ungestümem Spiel war auch damals begrenzt, zumal dann, wenn es direkt vor ihrem Laden erfolgte und die Folgen der Balltreterei für die Schaufensterscheibe etwa oder die feilgebotenen Waren nicht abzusehen waren. Ballspiele, die sich weniger raumintensiv gestalteten, waren »Kaiser, König, Edelmann, Bettelmann«, ein Spiel, dessen Sinn und Zweck gleichsam in einer »permanenten Palastrevolution« bestand, bei der der »Edelmann« den »König« oder der »König« den »Kaiser« mit einem strammen Ballwurf aus dem Weg zu räumen trachtete, sowie »Zehnerle«, ein Spiel, bei dem der Ball an die Wand geworfen und gefangen werden musste. Unterschiedliche Techniken etwa: Ball werfen – ein- oder zweimal in die Hände klatschen – fangen, erhöhten den Schwierigkeitsgrad. Von den übrigen Spielen (Geschicklichkeits-, Lauf-, Hüpf- und Fangspiele, Ratespiele) seien genannt: »Himmel und Hölle«, das »Murmel-Spiel«, das man auf chaussierten Straßen und Wegen besonders gut spielen konnte, Seilhüpfen, Kreisel mit der Peitsche

26

schlagen, »Räuber und Gendarm«, »Eisenfangen«, »Bäumchen, wechsle dich«, »Der Plumpsack geht um«, »Namenraten«, »Teekessel«, »Wortverstecken« und »Buchstabierspiel«.

Ab 1933, der Machtübernahme Hitlers, wurden Kinder und Jugendliche schrittweise der braunen Rassen-, »Volk-ohne-Raum«- und »Führer-und-Reich«-Ideologie zugeführt und insbesondere die Buben auf Hörigkeit, körperliche Fitness und todesbereite Gefolgschaft vorbereitet. Schon der Jungvolkdienst, an dem teilzunehmen ab 1939 Pflicht war, sollte dazu beitragen, aus den Jungen »heroische und todesbereite Jungmannen« zu machen, die in der Lage waren, den »heimischen Herd (das Vaterland – M.L.) zu schirmen« und obendrein bereit waren, »nach Ostland« zu marschieren, zur Eroberung von Boden und Blut.[10] In den letzten Kriegsjahren wurden sogar noch nicht kriegspflichtige Jugendliche und ab und an auch Kinder in sogenannten »Wehrertüchtigungslagern« für den Einsatz im »Volkssturm« ausgebildet.

3. Für wen ist die Straße da? Beginnende Einschränkung des außerhäuslichen Kinderspiels in den fünfziger und sechziger Jahren

Deutschland in der zweiten Hälfte der vierziger Jahre: Die »Graswurzeldemokratie« – der demokratische Neubeginn auf kommunaler Ebene – treibt erste Blüten. Der Alltag der Bewohner und Bewohnerinnen der Städte gestaltet sich schwierig: Gebäude der Produktion, der Distribution, der Institutionen und die Verkehrsanlagen sind vielfach noch zerstört oder in desolatem Zustand. Enttrüm-

merungs- und Trümmerverwertungsarbeiten stehen an, und die Versorgung mit Lebensmitteln ist katastrophal. Hatte man bereits in den letzten beiden Kriegsjahren des öfteren »von der Hand in den Mund« leben müssen, so macht sich der Hunger jetzt tagaus und tagein unerbittlich und unaufschiebbar geltend, Unterernährung und körperliche Schwäche sind weit verbreitet. Die Kinder bekommen die einschneidendste Nachwirkung der Naziherrschaft in besonderer Weise zu spüren: Mitte des Jahres 1947 ist der pro Kopf und Tag zur Verfügung stehende Kalorienwert auf den absoluten Tiefstwert gesunken und unterschreitet das Existenzminimum. Auf den Tisch kommen etwas Brot und/oder einige Kartoffeln, manchmal Schmalz. Rama, Kaba oder Sanostol lassen noch auf sich warten, von Prickel-Pit und sonstigen Kindergaumenfreuden ganz zu schweigen.

Da die gesellschaftliche Arbeitsteilung noch weitgehend daniederliegt, sind die Spezialisierungen des öffentlichen Raumes der Städte mehr oder weniger außer Kraft gesetzt. Im Nachkriegschaos zeichnet sich der öffentliche Raum vor allem dadurch aus, dass ihn alle Bewohner, kleine wie große, zur gleichen Zeit und zu unterschiedlichen Zwecken nutzen können. Die Kinder finden ausreichend Schlupfräume wie Trümmergrundstücke und brachliegende Flächen. Dies sollte indes nicht allzu lange so bleiben. Der in den folgenden Jahren realisierte Wiederaufbau, der oftmals einem »organisierten Stadtabriss« gleichkam und massenhaft Wohnraum im Innenstadtbereich vernichtete, sowie verkehrsplanerische Konzepte und Umsetzungen mit einseitiger Orientierung am motorisierten Verkehr schränkten die Bedingungen für außerhäusliches Kinderspiel nach und nach ein.[11] Das »blecherne Zeitalter« griff Platz, und Stadtplaner und Politiker begannen vom »pulsierenden Getümmel von Fahrzeugen« zu schwärmen.

Widerspruch gegen die Automobilisierung entwickelte sich nicht oder lediglich sporadisch und blieb ohne nennenswerten Erfolg. In einer Gesellschaft, die sich nun vorzugsweise als eine schnelllebige, dynamische und permanenter Veränderung unterworfene begriff, waren die wenigen (pädagogischen) Bedenkenträger schlicht nicht erwünscht und schnell als notorische Nörgler oder Ideologen gegen Auto und Verkehr klassifiziert. Die Frage »Für wen ist die Straße da?« entschied sich bis zum Ende der fünfziger Jahre zugunsten des Autos, des fließenden wie ruhenden Verkehrs und provozierte Autofahrer bestenfalls noch zu der Gegenfrage: »Was haben Kinder auf der Straße verloren?«

Das mit deutscher Gründlichkeit in die Wege geleitete Konzept der »autogerechten Stadt« sollte sich als eine Prioritätensetzung mit Langzeitwirkung erweisen. Vor allem an den Ausfallstraßen der großen Städte wohnende Familien begannen schon um das Jahr 1960 mit der Umsetzung des Sicherheitskonzepts »Verhäuslichung«, d.h. Knirpse wurden immer öfter schlicht in den Wohnungen beschützt gehalten und der Straße entzogen. Ältere Kinder und solche, die in ruhigeren Quartieren wohnten, entgingen diesem Schicksal und konnten in ihrem Verlangen, irgend etwas Neues und Aufregendes in der Welt des Wohnquartiers zu erleben, den Straßenraum noch nutzen, wie die empirische Studie von Elisabeth Pfeil ergab,[12] wenngleich freie, unbebaute Flächen und die natürliche Umwelt als Spielressource immer seltener zur Verfügung standen. Gegen Ende der fünfziger

Kinderspiel in einem Schwarzwalddorf, 50er Jahre

Jahre gestalteten sich die außerhäusliche(n) Kindheit(en) in den Sozialgebilden Stadt und Land zunehmend unterschiedlich. Während in den (Groß-)Städten insbesondere an den Verkehrs- und Hauptverkehrsstraßen Raumfunktionen wie Wohnergänzungsbereich, Aufenthalt, Kommunikation und vor allem Spiel zunehmend durch den motorisierten Verkehr zurückgedrängt wurden, blieben die Spielumwelten von Kindern in ländlichen Gebieten noch weitgehend unberührt.

Waren in den ersten Jahrzehnten des 20. Jahrhunderts bei der Einrichtung von Spielplätzen vorwiegend sozialhygienische Beweggründe bestimmend, so kam in den fünfziger und sechziger Jahren – vor dem Hintergrund sprunghaft steigender Kinder-Verkehrsunfallzahlen und eingedenk der damals allgemein sich durchsetzenden Einschätzung, dass

28

Kinder offensichtlich nur bedingt »verkehrsgerecht« zu erziehen sind – zunehmend das »Verkehrsschutzraum-Motiv« zum Tragen. Bei den in diesem Zeitraum eingerichteten Spielplätzen handelte es sich in der Regel um umzäunte, vielfach planierte oder versiegelte Flächen. Diese waren zumeist für ein- bis sechsjährige Kinder konzipiert und mit einigen nach damals einschlägigen Katalogen ausgewählten Elementen ausgestattet (fast ausnahmslos invariable Geräte, z.B. Schaukeln, Rutschen und Stahlrohrklettergerüste, ergänzt durch einen wenige Quadratmeter großen Sandkasten). Sie konnten ästhetischen Gesichtspunkten in keinster Weise genügen, wirkten angesichts ihrer käfigartigen Umgrenzung wie eine Kreuzung zwischen einer Bewahranstalt und einem Studio für Körperertüchtigung und dienten allem Anschein nach der bloßen Verausgabung von Muskeln, Nerven, Händen und Füßen.

Weingarten, um 1970

4. Die autogerechte Stadt ist dynamisch und hasst Krücken sowie Kinderroller und -fahrräder.
Nachhaltige Einschränkungen der Bedingungen für außerhäusliches Kinderspiel in den siebziger und achtziger Jahren

Kinder und ältere Menschen, die generell immobiler als Jugendliche und jüngere Erwachsene sind, leben deutlich mehr mit und von dem, was sich in der Wohnumgebung und im Quartier ereignet und befindet. Für sie bedeutete die weitgehende Reduktion der Straßen auf Verkehrsfunktionen nachhaltige Einschränkungen. Die Straßen verloren für Kinder weiter an sozialem Gebrauchswert. Nicht wenigen Kindern wurde die Teilnahme am Straßenverkehr von ihren Eltern untersagt, vor allem dann, wenn sie das Fahrrad benutzen wollten. Da kann es nicht weiter verwundern, dass um die Mitte der achtziger Jahre sogar öffentlich diskutiert wurde, ob man Kindern nicht das Fahrradfahren gesetzlich verbieten sollte. Immer mehr (Stadt-)Kinder wurden in ihrer Kompetenz der Raumbeherrschung, in der selbstständigen, allmählichen Aneignung der gegenständlichen Welt stark beschnitten, ein Umstand, der in den achtziger Jahren zum (sozial-)wissenschaftlichen Allgemeinplatz wurde. Gegenüber dem Leben der Kinder in den dreißiger und auch noch in den fünfziger Jahren waren Kindheiten um 1980 hinsichtlich der Raumaneignungsprozesse damit einer drastischen Veränderung unterworfen. Während sich Kinder in früheren Zeiten ihre Umwelt eher in einem Prozess der fortschreitenden Ausdehnung in konzentrischen Kreisen aneigneten, wuchs ein zunehmender Teil der Kinder nun in verinselten, durch Barrieren voneinander getrennten und jeweils nur für spezifische Tätigkeiten zu nutzenden Aktionsräumen auf. Verinselte Lebensräume von (Stadt-)Kindern wurden gegen Ende der achtziger Jahre in zahlreichen empirischen Untersuchungen ermittelt. Im Rahmen einer in Bayern zum Thema »Spiel, Spiele, Spielzeug in der Familie« durchgeführten Studie hatten WissenschaftlerInnen die in die Untersuchung einbezogenen Kinder zu ihren außerhäuslichen Spielmöglichkeiten befragt und Skizzen von ihren Spielräumen anfertigen lassen. Einen typischen verinselten Lebensraum verdeutlicht die Zeichnung eines achtjährigen Mädchens aus Fürth. Die Verfasser der Studie notierten: »Gezeichnet wurden von Angelina lediglich das Wohnhaus mit dem kleinen Reihenhausgarten und in einiger Entfernung, ohne jede Verbindung, der Schulhof, auf dem sie vor Schulbeginn und während der Pausen spielt. Während diese beiden Orte farbig und mit vielen Details gezeichnet wurden, bleibt die Fläche dazwischen weiß, wie ein ›blinder Fleck auf der Landkarte‹.«[13]

Insbesondere die Hauptverkehrsstraßen und die sonstigen größeren Durchgangsstraßen wirkten auf noch nicht oder nicht mehr »verkehrstaugliche« Individuen wie Freiheitsentzug – ohne Urteil. Unter Ermahnungen wie: »Spiel nicht auf der Straße«, »Gib acht« wuchsen Kinder heran. Weil der Aufenthalt im Straßenbereich eine bewusste Verkehrsbeurteilung erfordert, wozu Kinder aufgrund ihrer

Spielplatzalltag, um 1990

geistigen und auch körperlichen Besonderheiten nicht in der Lage sind, drängte die Gesellschaft sie aus der Erwachsenenwelt heraus, verbrachte sie in halböffentliche Institutionen oder schaffte sie auf eigens für sie ausgewiesene öffentliche Restflächen. Auf die Idee, Autofahrern ein Fahrverhalten abzuverlangen, das Unfälle mit Kindern weitgehend unmöglich macht, kamen Politiker und Stadtplaner nicht. Man betonte die Unversöhnlichkeit des Gegensatzes von Autoverkehr und Kind und betrieb auch weiterhin die Festlegung von Kinderspiel auf abgeplankte Reservate.

Ein beredtes Beispiel dafür bietet die Stadt Karlsruhe. In einem Bericht, der sich mit dem Spielplatzangebot in Karlsruhe zu Beginn der siebziger Jahre beschäftigt, heißt es: »Für Kinder kann das meiste, was sie machen, zu Spiel werden. Die Umgebung und Gegenstände kommen auf unberechenbare Weise zur Anwendung. Das wird am deutlichsten, wenn es sich um Verkehrsflächen handelt, wo Aufmerksamkeit und Umsicht verlangt werden. Deshalb müssen Verkehrs- und Spielflächen voneinander getrennt werden.«[14]

Ergänzend sei erwähnt, dass es im Gefolge der Suburbanisierung der siebziger und achtziger Jahre in ländlichen Gegenden zu einer spürbaren Zunahme der Verkehrsbelastung durch Pendler kam, wodurch sich die Unterschiede zwischen urbanen und ländlichen Verhältnissen bezüglich der Aktionsraumqualität von Kindern verringerten bzw. annähernd anglichen. Hauptkennzeichen dieser Entwicklung ist der (weiter zunehmende) Trend zu einer spezialisierten Raumnutzung.[15]

In der zweiten Hälfte der sechziger Jahre war die Idee des Abenteuer- bzw. Aktivspielplatzes nach Deutschland gelangt. Als geistiger Vater dieses Spielplatztypus, der durch seinen »Aufforderungscharakter« Anregungen zum Experimentieren und Gestalten gibt, ist der Pädagoge Friedrich Fröbel anzusehen.[16] Unmittelbare Vorbilder bei der Einrichtung des ersten Abenteuerspielplatzes in Deutschland im Jahre 1967 (Berlin-Märkisches Viertel) waren der dänische »Krempel«-Spielplatz (Kopenhagen 1943), der englische »adventure playground« (London 1948), der schweizerische »Robinson-Spielplatz« (Zürich 1956) und der schwedische »Spielpark« (Göteborg 1964).[17] Hauptanlass für die Errichtung der Abenteuerspielplätze war nicht so sehr der Autoverkehr, sondern die sterile, monotone, ja spielfeindliche Ausstattung der herkömmlichen Spielplätze. In den achtziger Jahren gab es in nahezu jeder deutschen Großstadt Abenteuerspielplätze. An der Situation vieler Kinder änderte dieser Sachverhalt allerdings wenig.

Als Fazit kann festgehalten werden, dass zum Spektrum der Gewalt gegen Kinder seit den siebziger und achtziger Jahren in ganz entscheidender Weise auch die aus ungünstigen bis desolaten außerhäuslichen Bedingungen resultierende strukturelle Gewalt gehört.

5. Was ist zu tun? Konsequenzen

Jugendlichen fällt es leicht, Orte und Gelegenheiten für außerhäusliche Aktivitäten aufzusuchen. Ihre Prozesse der Raumaneignung erfolgen in der Regel bereits unter Einbeziehung von motorisierten Verkehrsmitteln. Auch älteren Kindern (Jungen) bereitet es kaum Probleme, öffentliche Räume aufzusuchen und zurückzuerobern, wie die vorzugsweise auf innerstädtischen Plätzen zu bewundernden waghalsigen Manöver der Inlineskater und Skateboardfahrer verdeutlichen. Wie indes Sechs- bis Zwölfjährige den Autoverkehr erleben, wird deutlich, wenn man sie zu Forschungssubjekten macht und zu Wort kommen lässt. Die Assoziationsfelder um das Wort »Straße« herum spiegeln exakt das wider, was sie tagtäglich erleben. Schulanfänger und Grundschüler denken vornehmlich an »Gefährdung«, »verbotenes Terrain« sowie »Unfall« und erleben den Straßenverkehr als zwingende Barriere, als eine Wirkungsgröße, die die Zahl ihrer Erkundungs- und Streifräume vermindert und ihre Mobilität empfindlich einschränkt.

Konfrontiert mit der Frage »Wenn Du zaubern könntest und die Gegend, in der Du wohnst, so ver-

31

ändern könntest, dass Kinder sich dort besonders wohlfühlen, wie würdest Du die Gegend dann verzaubern?«, zählen zu den »freien Phantasien« der von Teilen der aktuellen Sozialisationsforschung gerne zur Generation@ stilisierten und (v)erklärten Kids Aussagen wie »Autos abschaffen«, »alle sollen mit dem Fahrrad fahren« oder »Verkehrsberuhigung«.[18] Daraus wird deutlich, dass die wie selbstverständlich in weltweiten Netzen surfenden und ab und an schon mal virtuelle Haustiere umsorgenden Kinder ihre Lust auf eine reale Welterfahrung durchaus (noch) nicht verloren haben. Virtuelle Spielplätze und traditionelle Aktions- und Erfahrungsräume können im kindlichen Alltag als gleichberechtigte Sozialisationsfelder wirken, unter der Voraussetzung allerdings, dass man dem Bedürfnis der Kinder nach selbstzugänglicher, eigenbestimmter Verfügung über öffentlichen Raum entspricht.

Seit den frühen achtziger Jahren ist im Gefolge einer allmählich stärker wachsenden Sensibilisierung gegenüber Kindern die einseitige Festlegung von Kinderspiel auf Sonderflächen zunehmend in das Kreuzfeuer der Kritik geraten. Parallel hierzu rückte die Frage, wie eine Art »utopia of reconstruction« (Lewis Mumford) im Sinne einer nachhaltigen Verbesserung der Lebensbedingungen von Kindern (im städtischen Raum) realisiert werden kann, in den Blickpunkt der öffentlichen Diskussion und schließlich und endlich auch in das Bewusstsein der Verkehrsplaner. Bei dem gegenwärtigen Bemühen der Städte, eine »Revitalisierung« des Straßenraums und der innerstädtischen Wohnbezirke zu erreichen und Straßen sowie öffentliche Plätze wieder als gleichberechtigte Sozialisationsfelder in die Lebenswelt der Kinder zu integrieren, spielen neben einer weiteren Stärkung der politischen Interessenvertretung für Kinder Maßnahmen der Verkehrsberuhigung eine zentrale Rolle. Zu nennen sind hier insbesondere Verkehrsumverteilung und modale Verkehrsverlagerung – Förderung und Bevorrechtigung der sanften Verkehrsmittel und des öffentlichen Personennahverkehrs (ÖPNV) –, Rückbau von Straßen und Park- und Stellflächen zugunsten der nichtmotorisierten Verkehrs- bzw. Straßenraumteilnehmer sowie eine flächendeckende Temporeduzierung. Erforderlich sind in diesem Zusammenhang eine spürbare Pro-Fuß-, Pro-Fahrrad- und Pro-ÖPNV-Politik, eine Straßen- und Städteplanung, die ineinandergreift, und breit angelegte Akzeptanzkampagnen für das Prinzip »Langsamkeit«. Autofahrer und Autofahrerinnen müssen für die Sorgen und Ängste der Kinder sensibilisiert werden.

Von der angestrebten Verlangsamung der Geschwindigkeit im Stadtverkehr dürfen m.E. die Hauptverkehrsstraßen nicht ausgenommen werden. Eine unlängst in Berlin durchgeführte Stunt-Aktion des »Verkehrsclub Deutschland« verdeutlichte den Sicherheitsgewinn von Tempo 30 gegenüber Tempo 50. Die in den fünfziger Jahren formulierte »Bündelungstheorie«, die besagt, dass eine Verkehrsberuhigung nur dann funktioniert, wenn ein leistungsfähiges Netz von Tempo 50-Hauptverkehrsstraßen vorhanden ist, sollte der Vergangenheit überlassen werden; nicht zum wenigsten deshalb, weil auch an den Hauptverkehrsstraßen große und kleine Menschen wohnen, deren Wohnbedingungen sich umso mehr verschlechtern, je mehr eine Stadt oder eine Gemeinde über Verkehrsberuhigungsmaßnahmen auf Nebenstraßen eine verstärkte Nutzung der

Hauptverkehrsstraßen durch den motorisierten Verkehr herbeiführt. Gerade auf den eigentlichen Verkehrs- und insbesondere auf den Hauptverkehrsstraßen konzentrieren sich die Verkehrsunfälle mit Beteiligung von Kindern und auch alten Menschen. In besonderer Weise beschnitten sind die öffentlichen Raumerfahrungsmöglichkeiten von Kindern natürlich da, wo mehrere Hauptverkehrsstraßen in unmittelbarer Nähe der Wohnung oder des Sonderspielortes Spielplatz liegen.

Will man Kindern wieder einen ganzheitlichen Lebensraum bieten, darf nicht auf halbem Wege Halt gemacht werden. Kleinräumig isolierte Lösungen sind insbesondere dann von einem eher zweifelhaften Wert, wenn eine Spielstraße oder ein Spielplatz gleichsam als spezialisierter und inselhafter Raum eingerichtet wird und andere für kleine Menschen interessante öffentliche Flächen wegen verkehrsbedingter Barrieren nicht oder nur in Begleitung von Erwachsenen zugänglich sind. Teilräumliche oder gar nur sektorale (»enge«) Verkehrsberuhigungen stellen schlicht »End-of-Pipe«-Strategien dar, von denen in der Regel nur die von einkommensstärkeren und -starken Milieus bewohnten Areale profitieren, während die von einkommensschwächeren und -schwachen Bevölkerungsteilen bewohnten Räume außerhalb von Beruhigungsmaßnahmen verbleiben. Teillösungen tragen zur Vernebelung der existenten verkehrsbedingten Probleme und Reibungen maßgeblich bei und sind bestens geeignet, das Gewissen von Politikern und Stadtplanern ruhig zu stellen. Grundsätzlich sollten großflächigere Ansätze umgesetzt werden. Gelänge es, Spielplätze, die partiell naturbelassen sein und Gelegenheiten für produktive,

Spielplatz Baustelle, um 1970

gestalterische Spielsequenzen anbieten sollten, mit anderen, fußläufig erreichbaren und gefahrlos nutzbaren Spielräumen zu verbinden, wäre eine wirkliche Verbesserung der räumlichen Situation von (Stadt-)Kindern zu erzielen. Das Vorhaben, die Qualität außerhäuslicher Aktionsräume von Kindern spürbar zu verbessern, darf die spezifischen Bedürfnisse von Mädchen nicht außer Acht lassen. Eine zukunftsweisende Raumplanung muss die Berücksichtigung der Interessen von Mädchen sicherstellen. Kinderbüros, Kinderkommisionen, Kinderbeauftragte, die als Institutionen zur Wahrnehmung der Belange der Kinder bislang schon gute Arbeit geleistet haben, sind auch weiterhin gefordert. Unterstützung erwarten dürfen sie von der allmählich Platz greifenden Sozialberichterstattung zu den Lebensverhältnissen von Mädchen und Jungen. Als Vertreter der Stadt Stuttgart und mehrerer Institutionen aus dem Bereich der Pädagogik neulich eine jener Zusammenkünfte hatten, deren Zweck darin besteht, die Lebenszusammenhänge von Kindern unter die Lupe zu nehmen, fand der versammelte Sachverstand heraus, was seit Jahren bekannt ist, bedauerlicherweise aber noch immer nicht oder nur unzulänglich verwirklicht ist. Erklärt wurde, dass Kinder Stadtquartiere benötigten, die lebendig sind und eine Verbindung zwischen Wohnen, autofreien Plätzen, kleinen Betrieben und Straßen mit unbedenklichem Verkehr sicherstellten. Wie wahr! ☞

Anmerkungen

1 Dieser Beitrag geht in einigen Teilen auf früher verfasste Texte zurück. Vgl. Lallinger, Manfred: Spielplätze in Freiburg. Hrsg. v. Institut für angewandte Sozialforschung e.V. FIFAS. Freiburg 1993; ders.: «Wir konnten draussen rumtoben, besser als die Kinder heute». Außerhäusliche Aktionsräume von Kindern in den zwanziger und dreißiger Jahren. In: Badische Zeitung v. 24.10.1994; ders.: Kinderspielmittel und Kinderspielzeug. Über den Wandel von kindlicher Spielwelt und Spielgegenständen im 20. Jahrhundert. In: Steffen, Dagmar (Hrsg.): Welche Dinge braucht der Mensch? Gießen 1995; ders.: Schon Fünfjährige mussten täglich Geld verdienen. Zur Geschichte der heimindustriellen Kinderarbeit. In: Badische Zeitung, 16.09.1996.

2 Hurrelmann, Klaus: Familienstress, Schulstress, Freizeitstress. Gesundheitsförderung für Kinder und Jugendliche. Weinheim und Basel 1990.

3 Marx, Karl: Das Kapital. Berlin 1973. Bd. 1. S. 416.

4 Vgl. Eckermann, Erik: Vom Dampfwagen zum Auto. Motorisierung des Verkehrs. Hamburg 1981.

5 Koch, Konrad: Über die Notwendigkeit der weiteren Schaffung von Spielplätzen in Deutschland. In: Jahrbuch für Volks- und Jugendspiele 11 (1902). S. 176-183. Hier S. 176.

6 Gansberg, Friedrich: Streifzüge durch die Welt der Großstadtkinder. Leipzig 1907.

7 Behnken, Imbke/Zinnecker, Jürgen: Straßenkinder und ihre Wächter. In: Die alte Stadt. Vierteljahreszeitschrift für Stadtgeschichte, Stadtsoziologie und Denkmalpflege 19 (1992). S. 117-136.

8 Muchow, Martha / Muchow, Hans Heinrich: Der Lebensraum des Großstadtkindes. Hrsg. u. eingeleitet von Jürgen Zinnecker. München 1998.

9 Behnken, Imbke / Du Bois-Reymond, Manuela: Spielwelten in alten Stadtquartieren. Ein interkultureller Vergleich. In: Berg, Christa (Hrsg.): Kinderwelten. Frankfurt am Main 1991. S. 132-154. Hier S. 145.

10 Weber-Kellermann, Ingeborg: Kindheit in der Stadt – Kindheit auf dem Lande. In: Berg, Kinderwelten (wie Anm. 9). S. 103-131. Hier S. 123ff.

11 Zeiher, Helga: Kindheitsräume. Zwischen Eigenständigkeit und Abhängigkeit. In: Beck, Ulrich / Beck-Gernsheim, Elisabeth (Hrsg.): Riskante Freiheiten. Frankfurt am Main 1994. S. 353-375. Hier S. 354ff.

12 Pfeil, Elisabeth: Das Großstadtkind. München, Basel 1965.

13 Spanhel, Dieter / Zangl, Angelika: Spielen, Spiele, Spielzeug im Familienalltag. Ergebnisse aus einem Forschungsprojekt zur Spielwelt 7-10Jähriger. In: Klug, Hans-Peter / Roth, Maria (Hrsg.): Spielräume für Kinder. Münster 1991. S. 40-63. Hier S. 54.

14 Die Spielplatzsituation in Karlsruhe. Karlsruhe 1973.

15 Lange, Andreas: Kinderalltag in einer modernisierten Landgemeinde. Befunde und weiterführende Überlegungen zur Untersuchung der Lebensführung von Kindern. In: Honig, Michael-Sebastian / Leu, Hans Rudolf / Nissen, Ursula (Hrsg.): Kinder und Kindheit. Weinheim u.a. 1996 (=Kindheiten. Bd.7). S. 77-97.

16 Mit dem um 1840 in Blankenburg errichteten «Garten für Kinder» zielte der von Rousseau und Pestalozzi beeinflusste Fröbel darauf ab, Kindern bei ihren Spielaktivitäten ein möglichst weites Betätigungsfeld zu schaffen. Der Spielplatz bot genügend Gelegenheiten für produktives, d.h. herstellendes Spiel, darüber hinaus war reichlich Platz vorhanden für Objektspiele, ferner auch für Regel- und Rollenspiele. Zu den pädagogischen Kategorien und Grundgedanken im Werk Fröbels, vgl. Hoof, Dieter: Handbuch der Spieltheorie Fröbels. Braunschweig 1977.

17 Vgl. Schottmayer, Gerhard: Kinderspielplätze. Beiträge zur kindgerechten Gestaltung der Wohnumwelt. Stuttgart 1976.

18 Flade, Antje / Kustor, Beatrice: Mädchen und Jungen in der Stadt. Hessisches Ministerium für Wirtschaft, Verkehr und Landesentwicklung. Wiesbaden 1996.

19 Bericht über die Situation der Kinder in Baden-Württemberg. Hrsg. vom Ministerium für Familie, Frauen, Weiterbildung und Kunst Baden-Württemberg. Stuttgart 1995. S. 80f.

In den 20er Jahren
in und um Freiburg

1923/24

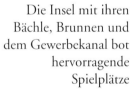

Die Insel mit ihren
Bächle, Brunnen und
dem Gewerbekanal bot
hervorragende
Spielplätze

1946

An den Freiburger Bächle lässt es sich auch heute noch gut spielen

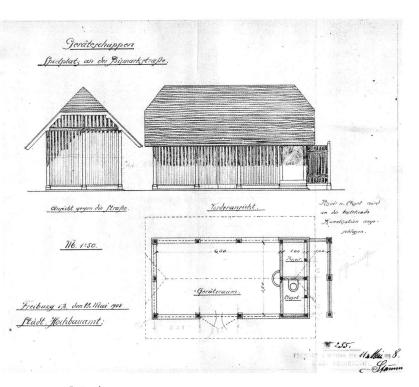

*Geräteschuppen
des Spielplatzes
an der Bismarckstraße,
1908*

Entstehung und Entwicklung öffentlicher Kinderspielplätze von 1900 bis in die sechziger Jahre
Günther Klugermann

Ansprüche an die Stadt Freiburg nach Bereitstellung von Gelände zum Zwecke freizeitlicher Vergnügungen wurden etwa ab Mitte des 19. Jahrhunderts vorgetragen. Den Anfang machten die Eislaufbegeisterten, später kamen die Fußballer und Tennisspieler hinzu.

Solcherlei sportliche Betätigungen erforderten größere Flächen in Stadtnähe, die entsprechend hergerichtet und gepflegt sein wollten. Zwei Hindernisse trennten die Freizeitsportler von der ungehemmten Ausübung ihrer Leidenschaften: Die Eigentumsfrage und die Kosten. Da man sich als Fürsprecher des Gemeinwohls sah, lag der Gedanke an eine Einbindung der Stadt nahe. Dieses Gemeinwohl betraf zunächst aber in erster Linie die Erwachsenen und hier hauptsächlich die Männer. Die Kinder und Jugendlichen jedenfalls hatten sich vorwiegend mit dem zufrieden zu geben, was die Natur im städtischen Umfeld hergab.

40

Diese Natur veränderte sich jedoch zusehends. Einerseits ging die sich stetig verdichtende Bebauung der Stadt als Folge steigender Bodenwerte mit dem Verlust an Privatgärten einher. Andererseits erwartete die abgedrängten Kinder vor den Häusern eine zunehmende Gefährdung auf den Straßen durch Motorfahrzeuge und – im Gegensatz zu Pferdefuhrwerken ausdrücklich genannt – Radfahrer.[1]

Bei den sich alsbald erhebenden Forderungen nach geschützten Spielplätzen für den Nachwuchs wurden neben diesen Argumenten auch eher diffuse Begründungen, wie etwa eine »weite Volkskreise bekümmernde, stets zunehmende Nervosität« der Schuljugend[2] bemüht. Nicht zuletzt prägte vaterländische Gesinnung Überlegungen zu einer Verknüpfung mit vormilitärischer Ertüchtigung: »Kletterstangen, Springgestelle, Reck, eine Hindernisbahn wie beim Militär, sollten erstellt werden.«[3]

Die Ungeeignetheit der vorhandenen öffentlichen Anlagen als Spielplatz für kleine Kinder wurde vom Lokalverein Nordstadt anschaulich geschildert: »Diese haben aber den Nachteil, daß sie häufig durch die Nähe der Straßen staubig sind, und daß (sie) im Gegensatz zu Privatgärten hauptsächlich von erwachsenen Kranken, zumal von Schwindsüchtigen aufgesucht werden. Hierdurch wird gerade die Umgebung der Bänke, wo unsere Kleinen im Sande spielen sollen, durch Auswurfsstoffe der Kranken versäucht (sic!).«[4]

Zu bereits bestehenden politischen, sportlichen und kulturellen Vereinigungen waren im letzten Viertel des 19. Jahrhunderts die sogenannten Lokalvereine hinzugekommen, die quasi übergeordnet die Interessen der verschiedenen Stadtbezirke zu vertreten im Sinne hatten. Heute noch sind diese Lokalvereine unter dem Begriff Bürgervereine präsent und wie

Das umstrittene Gelände hinter dem alten Kepler-Gymnasium um 1930

ehedem von der ehrenamtlichen Tätigkeit ihrer Mitglieder getragen. Sie waren es, die sich zu Beginn des 20. Jahrhunderts als Anwälte des Kindes (oder genauer: der Kinder in ihrem jeweiligen Stadtteil) zu erkennen gaben. Die Vorstellungen orientierten sich vermutlich an den bereits seit dem letzten Viertel des 19. Jahrhunderts in Freiburg bestehenden, im Freien gelegenen Spielgärten der sogenannten »Volkskindergärten«, auch »Kleinkinder-Bewahranstalten« genannt.[5] Desgleichen dürfte der private Spielplatz für die Jugend des »Vereins für Volks- und Jugendspiele« an der Lorettostraße Pate gestanden haben.[6]

Mit der Eingabe des Lokalvereins Herdern an den Stadtrat vom 21. Mai 1901 ist uns der erste Versuch überliefert, die städtische Beteiligung an einer öffentlichen, spezifisch kindgerechten Einrichtung einzufordern.[7] Die Herderner Kinder hatten sich bislang auf den Weiherhof-Matten getummelt, die winters zum Eislaufen genutzt wurden. Nun drohte ein Kirchenneubau diesen Freiraum zu absorbieren. Ironie der Geschichte: Einer der damals vom Lokalverein vorgeschlagenen, aber abgelehnten Ersatzplätze, der dann wieder um die Mitte der zwanziger Jahre heiß umstritten war, ist heute erneut (oder besser: noch?) Gegenstand unterschiedlicher Begehrlichkeiten. Das bisher vergebliche Mühen um das Areal hinter dem alten Kepler-Gymnasium könnte nach fast 100 Jahren endlich zu einem Erfolg kommen, wenn es dem Bürgerverein Herdern in der aktuellen Auseinandersetzung gelänge, den favorisierten »Bolzplatz« für die Jugend durchzusetzen. Wenngleich der Lokalverein Herdern seine Vorstellungen zunächst nicht verwirklichen konnte und sich mit dem Bewusstsein, immerhin eine Vorreiterrolle gespielt zu haben, trösten musste, war doch ein fruchtbares Korn zur Erde gefallen. Das seinerzeit zuständige städtische Tiefbauamt erkannte vorausschauend, dass die Einrichtung solcher Plätze auf öffentlichem Gelände im Auge behalten werden müsse – wenn auch eher an der Peripherie, denn im Innern der Baubezirke.[8] Den Durchbruch erreichten dann andere Lokalvereine in den folgenden Jahren.

Beschwerden von Passanten, die sich durch Ball spielende Jugendliche auf dem Stühlinger Kirchplatz belästigt und gefährdet fühlten, bewegten schließlich im Juli 1906 den Lokalverein des Stadtteils zu einem Gesuch an die Stadt um Errichtung eines Spielplatzes.[9] Acht Monate später zog der Lokalverein Nordstadt nach, mit ausführlicher, inhaltlicher Begründung und konkreten Gestaltungsvorschlägen.[10]

Die Stadt Freiburg erkannte die Zeichen der Zeit. Der Stadtrat beschloss eine generelle Regelung zur Beschaffung von Spielplätzen für die Jugend.[11] Sogar eine »Kommission für Errichtung von Spielplätzen« unter Vorsitz des Stadtrats Dr. Gruber wurde ins Leben gerufen, die sich sogleich mit dem Gesuch der Nordstädter auseinandersetzte. Diese Spielplatzkommission erwies sich allerdings als mehr hinderlich denn förderlich für die Wünsche der Lokalvereine und die Belange der Kinder. Nicht erst aus heutiger Sicht befremdliche Ansichten, wie Baumbepflanzung »ist ganz unnötig« und Sand zum Spielen »ist ganz unhygienisch«[12] warfen ein Licht auf deren Einstellung.

Nach langen, harten Verhandlungen wurde das Durchhaltevermögen der Lokalvereine endlich belohnt. Kurz hintereinander konnten zuerst die Nordstädter am 28. Juni 1908 (sechzehn Monate nach Antragstellung) und dann die Stühlinger am 5. Juli 1908 (zwei Jahre nach ihrem Gesuch) die Eröffnungsfeierlichkeiten zu den ersten großen und öffentlichen Spielplätzen in Freiburg begehen. Die beiden Plätze an der Bismarckstraße (heute Stefan-Meier-Straße) und an der verlängerten Wannerstraße waren auf Kosten der Stadt hergerichtet und bepflanzt worden. Die Beschaffung von Geräten, die Stellung einer Aufsichtsperson und die Pflege der Anlagen oblag den Lokalvereinen. Die Aufteilung des pachtfrei überlassenen Geländes sah eine Dreistufigkeit vor: Sand, Wasser und Bäume für die Kleinen, Turngeräte für die etwas Größeren sowie Ballplätze und Hindernisbahnen für die reifere Jugend. Gerätehaus, Toiletten und Sitzbänke vervollständigten die Einrichtung.

Jährlich an den Stadtrat abzuliefernde Rechenschaftsberichte dokumentierten die Bedeutung der neuen Einrichtungen. Neben den Kindern aus der Nachbarschaft frequentierten auch Sportvereine, Schulen und Kinder aus weiter entfernten Stadtteilen die Spielplätze.

Tabelle 1: **Verzeichnis der größeren öffentlichen Spielplätze vom Dezember 1912**

Lage	Fläche in qm	Nutzung/Ausstattung
Zwischen Schwarzwaldstraße und Schützenallee	57 000	Mehrere Plätze teils an Fußballvereine verpachtet, teils Schulen umsonst überlassen; in übriger Zeit für die Allgemeinheit; ohne Geräte
Kinderheim im Sternwald	4 500	Für kleine Kinder; Schaukeln und andere Spielgeräte
Hölderle	14 000	Für Turnvereine und Schulen, teils gegen Entgelt; in übriger Zeit für die Allgemeinheit; ohne Geräte
Haslach, beim Volksschulhaus	3 000	Teils Kies, teils Rasen; von der Allgemeinheit benutzbar; ohne Geräte
Stühlinger, verlängerte Wannerstraße	19 000	Für die Allgemeinheit zugänglich; verschiedene Spiel- und Turngeräte
Bismarckstraße	6 400	Für die Allgemeinheit zugänglich; verschiedene Spielgeräte
Bismarckstraße/Tennenbacher Straße (im Anschluss an obigen)	6 600	Für Fußballklub gegen Entgelt und für Schulen umsonst, in übriger Zeit für die Allgemeinheit; ohne Geräte
Summe:	110 500	

Die finanziellen und personellen Möglichkeiten der Lokalvereine kamen rasch an ihre Grenzen, so dass sie sich bereits für die folgende Saison um städtische Zuschüsse bewerben mussten. Geschickt argumentierten dabei die Stühlinger mit einem weisen Blick in die Zukunft: »In vorausgesetzter Gesinnungsverwandtschaft mit dem verehrten Stadtrat fassen wir die Sache so auf, daß es ein glücklicher Zufall war, das Vorhandensein von Lokalvereinen dazu benützen zu können, ein Etwas vorzubereiten, was früher oder später ihnen abgenommen und seitens der Stadt weiterzuführen und weiter auszubauen wäre. (...) Wenn unser Gedankengang der richtige und wir bezüglich der weiteren Entwicklung der Spielplatzangelegenheit auf der untrüglichen Fährte uns befinden (...), so wäre ja alles, was der Stadtrat (...)

bewilligt, in letzter Linie und so recht eigentlich keine Bewilligung an uns, sondern an jene Körperschaft, welche nun doch einmal die Sache wird übernehmen müssen, d.h. an die Stadt selbst, deren verantwortlicher Verwalter bis zur Ablösung die Lokalvereine zu bilden hätten.«[13]

Der seit 1891 von Görlitz aus agierende »Zentral-Ausschuss zur Förderung der Volks- und Jugendspiele in Deutschland« wandte sich in einem Schreiben vom 23. November 1912 an die deutschen Städte mit der Bitte um »Stiftung von Spielplätzen« zum 25-jährigen Regierungsjubiläum von Kaiser Wilhelm Mitte Juni 1913. Mit markigen Worten begründete der Vorsitzende, Dr. med. h.c. von Schenckendorff, Mitglied des Hauses der Abgeordneten, das Engagement seines Verbands: »Unser Kaiser weiss die Bedeutung derselben für die Hebung der Volks- und Wehrkraft wohl zu schätzen. Auf der Berliner Schulkonferenz 1890 sprach er unter Bezugnahme auf die Frage der körperlichen Entwicklung die Worte aus, die ich als Mitglied der Konferenz selbst gehört: ›Wir müssen eine kräftige Nation haben!‹ Ja, mit unserm neuen Kaiserreich müssen wir auch eine kaiserliche Rasse schaffen. Zu solcher tragen aber Volks- und Jugendspiele und verwandte Leibesübungen in freier Luft, wenn sie zur Volkssitte werden, ein gut Teil bei.«[14]

Alle Städte wurden angeregt, sozusagen in einem ersten Schritt, ein Verzeichnis ihrer vorhandenen Spielplätze zu erstellen. Dieser Anregung verdanken wir die früheste Aufstellung aller größeren, als Spiel-, Sport- und Tennisplätze sowie Eisbahnen ausgewiesenen Flächen in Freiburg.[15] Dem Thema gemäß beinhaltet die Tabelle 1 (Seite 43) aber nur diejenigen Plätze, die für Kinder frei zugänglich waren.

In der Stadt Freiburg gab es also Ende 1912 gerade einmal drei mit entsprechender Ausstattung versehene Spielplätze für Kinder. Daneben einige Flächen auf Sportplätzen, öffentliche Plätze im Innenstadtbereich und natürlich die Dunkelziffer der mehr oder weniger »illegalen« Treffpunkte.

In den folgenden Jahren wurden weitere, jedoch weit kleinere Anlagen mit bescheidener Ausstattung freigegeben. Die in einer Stadtratssitzung von 1913 angeregte Nutzung des Hofes der Hildaschule als Spielplatz außerhalb der Unterrichtszeiten, scheiterte am Veto des Rektorats.[16]

Bereits vor Inbetriebnahme des 6 600 qm[17] großen Platzes an der Bismarckstraße war bekannt, dass er früher oder später dem Bau von Häusern zum Opfer fallen würde.[18] Doch zuvor forderte der Erste Weltkrieg seinen Tribut. Ab 1916 wurden auf dem Gelände sogenannte Kriegsgärten zur Notversorgung der Bevölkerung angelegt, ehe um 1919 tatsächlich die Bebauung durch die »Heimstätten-Baugenossenschaft« einsetzte.

Die Gefahr durch Fliegerangriffe beendete bereits im April 1915 den regulären Betrieb auf dem über 19 000 qm großen Stühlinger Spielplatz[19], bevor auch dort die Anlage von Kriegsgärten das endgültige Aus bedeutete.

Noch vor dem Ende des Ersten Weltkriegs wurde der Spielplatzfrage reichsweit verstärkte Bedeutung zugemessen. Die etwa ab 1918 zur Anlage und Einrichtung von Turn-, Spiel- und Sportplätzen für die schulpflichtige Jugend fortan gesetzlich verpflichteten Gemeinden bzw. Kreisverwaltungen sollten mit Zuschüssen in Millionenhöhe entlastet werden.[20] Die Kommentare zu dieser reichseinheitlichen Regelung verwiesen auf einen unmittelbaren

Tabelle 2: **Verzeichnis der Spielplätze vom April 1920**

Lage	Größe in qm	Ausstattung
Stadtgarten	90	Schaukel, für kleine Kinder
Colombipark	325	1 Sandkasten, für kleine Kinder
Alleegarten (heute: Mensa I)	4 300	2 Recke, 2 Barren
Alter Theaterplatz (heute: Augustinerplatz)	300	Ohne Geräte
Kartäuserstraße	120	Ohne Geräte
Ecke Schwarzwaldstraße/Schützenallee	330	Ohne Geräte
Mösle (Oberrieder Straße)	500	Ohne Geräte
Sternwaldeck (hinter Villa Mitscherlich)	600	Schaukeln, Reck, Barren
Marchstraße	600	1 Sandkasten
Ecke Rennweg/Friedhofstraße	360	Ohne Geräte
Hugstetter Straße	700	Ohne Geräte
Annaplatz	400	Ohne Geräte
Schlossberg	1 200	Ohne Geräte
Lessingschule	375	Ohne Geräte
Fahnenbergplatz	1 600	Stadtplatz; ohne Geräte
Stühlingerplatz	8 500	Messplatz; ohne Geräte
Karlsplatz	3 000	Stadtplatz; ohne Geräte
Summe:	23 300	

Zusammenhang mit der deutschen Kriegsniederlage: »Ohne Zweifel ist diese Ausdehnung [Pflicht für jede Gemeinde, G. K.] begründet mit dem Zwecke, dem die Spielplätze dienen sollen: der Stärkung unserer Wehrkraft.«[21]

Nicht nur, dass die »Jungmannschaft (...) auf den Spielplätzen zu militärischer Tüchtigkeit erzogen und die bereits wehrmännisch ausgebildete Mannschaft in ihrer Wehrtüchtigkeit erhalten« werde, auch nach Kostengesichtspunkten betrachtet, würde sich die Investition rechnen. Die erforderliche Ausgabe von 500 Millionen Mark relativiere sich nämlich insofern, als sich des Volkes Kraft und Gesundheit mehre und deshalb weniger Krankenhäuser und Nervenheilanstalten gebaut werden müssten. Dass militärischer und finanzieller Aspekt durchaus miteinander verknüpft sein können, belegte folgende Aussage: »Kommt dann nach Jahren wieder ein feindlicher Angriff, der das Vaterland bedroht, so steht gleich nicht nur ein großes, sondern auch ein körperlich gewandtes Heer zur Verfügung. Wie viele Milliarden wären erspart worden, hätte bei Kriegsbeginn die Zahl Streiter mit guter körperlicher Ausbildung zur Verfügung gestanden, die jetzt an den Fronten stehen! Der Krieg wäre in kürzerer Zeit beendet worden, wäre es der Fall gewesen.«[22] Auch der spätere Vorsitzende des städtischen Ausschusses für Leibesübungen und Jugendpflege, der Freiburger Prof. Ludwig Aschoff, träumte von der Errichtung eines »Kampfspielplatzes« in Friedenszeiten. Das Gelände zwischen Höllental und Himmelreich hielt er für besonders geeignet.[23] Gegenüber diesen Beweisen wahrer vaterländischer Gesinnung rückte die gleichwohl vorhandene soziale Absicht, den jüngeren Kindern ärmerer Bevölkerungsschichten etwas Gutes antun zu wollen, bei den öffentlichen Verlautbarungen in den Hintergrund.

Die praktische Umsetzung der gesetzlichen Verpflichtung zur Anlage von Kinderspielplätzen begann in Freiburg erst zögerlich. Obwohl häufig die notwendigen Geldmittel nicht bewilligt wurden, lässt sich dennoch ab etwa 1920 ein beachtlicher Aufschwung konstatieren. Dafür war in erster Linie das Gartenamt unter Leitung von Gartenbaudirektor Schimpf verantwortlich zu machen. Ver-

mutlich im Zusammenhang mit der Übernahme der wenigen im Stadtgebiet noch verbliebenen Spielplätze in städtische Regie wurde das Gartenamt als maßgebliche Behörde eingesetzt. Engagiert nahm dieses seine neue Aufgabe in Angriff. Ein »Verzeichnis der Spielplätze« vom April 1920 markierte den Ausgangspunkt.[24] (Tabelle 2, Seite 45) Man unterschied zwischen »reinen Kinderspielplätzen« mit einer Gesamtfläche von 6 755 qm und »Plätzen in den Anlagen auf denen Kinder spielen können« mit einer Gesamtfläche von 16 590 qm (die Differenz von 45 qm gegenüber der Tabelle ergibt sich aus Rundungen). Ersteres dürfte ausschließlich die Plätze mit Ausstattung umfassen, während von letzteren noch der Kindern nicht zugängliche Teil abzurechnen ist. Insgesamt ergibt sich eine klägliche Summe gegenüber den stattlichen 62 000 qm der »reinen Sportplätze« für Vereine an der Schwarzwaldstraße (heute: alter Messplatz), zu denen noch neun Tennisplätze hinzukamen.

Als nächstes trat das Gartenamt mit einem bemerkenswerten Plädoyer an den Stadtrat heran und skizzierte damit die Zielrichtung der kommenden Jahre. »Wieviele Kinderspielplätze in einer Stadt angelegt werden müssen, bestimmt die sogen. ›Kinderwagenentfernung‹. D.h., eine Frau, die mit dem Kinderwagen von ihrer Wohnung aus den zunächst gelegenen Spielplatz aufsuchen will, darf zur Zurücklegung dieses Weges höchstens 10 Minuten brauchen. Die strenge Einhaltung dieser Norm würde es wahrscheinlich machen, dass sich alle spielenden Kinder von der gefährlichen, staubigen Strasse fernhalten und grösstenteils die Spielplätze besuchen, wenn diese hinsichtlich ihrer Grösse und Ausstattung für die Kleinen genügend Anziehungs-

kraft ausüben. Leider ist es heute nicht immer möglich, das früher Versäumte nachzuholen. Namentlich sind es die meist eng bebauten und dicht bevöl-
kerten Altstädte, die keine Freiflächen aufweisen,
die zu hygienisch einwandfreien Kinderspielplätzen
umgestaltet werden könnten. (...) Um alle neuen
Stadtteile mit zweckmäßigen Freiflächen durch-
dringen zu können, ist es notwendig, dass der lei-
tende Gartenbeamte zusammen mit den Vorständen
des Tief- und Hochbauamts die Bebauungspläne
aufstellt.«[25] Beigefügt war unter anderem eine Liste
von 36 (!) projektierten Kinderspielplätzen.

Einen Monat später stimmte der Stadtrat zwei
wesentlichen Forderungen des Gartenamts zu: Der
Aufnahme von Spielplätzen »in ausreichender
Anzahl« in die Bebauungspläne und die Ernennung
des Gartenamts zur Verhandlungsführerin mit dem
Tief- und Hochbauamt.[26]

Ob die geplanten Spielplätze allerdings zu realisie-
ren waren, sollte erst beim Verfahren über die »Festlegung von Straßen und Baufluchten« entschieden
werden.[27] Auch bezüglich der Attraktivität der
Anlagen konnten die Vorstellungen des Gartenamts
nicht so schnell greifen wie vorgesehen. Die Ausstattung der Plätze mit Spielgeräten war noch 1922
eher bescheiden zu nennen, wie Tabelle 3 (Seite 48)
veranschaulicht.

Von den vorhandenen Spielplätzen waren inzwischen immerhin elf mit Geräten versehen, davon
allerdings sieben lediglich mit Sandkästen.[28] Die
städtische »Kommission zur Förderung der Leibesübungen« unter Vorsitz von Stadtrat Dr. Mayer
unterstützte denn auch das Gartenamt in seiner
Überzeugungsarbeit gegenüber der Stadt und in seinem Bemühen, den erkannten Handlungsbedarf in

*Der Spielplatz
an der Schloßbergstraße
um 1930*

47

Tabelle 3: Ausstattung Freiburger Spielplätze mit Spielgeräten 1922

Lage	Sandkasten	Schaukeln	Recke	Barren	Rundlauf	Laufbaum
Stadtgarten	-	3	1	1	-	-
Colombipark	2	-	-	-	-	-
Alleegarten	-	-	2	2	1	-
Alter Theaterplatz	1	-	-	-	-	-
Kartäuserstraße	2	-	-	-	-	-
Schwarzwaldstraße	1	-	-	-	-	-
Mösle (Oberrieder Str.)	1	-	-	-	-	-
Sternwaldeck	1	2	1	1	-	-
Marchstraße	1	-	-	-	-	-
Schreiberstraße	2	4	-	-	-	1
Wildgrube (Zähringen)	1	-	-	-	-	-

die Tat umzusetzen. Der energische Einsatz begann nach und nach Früchte zu tragen. Förderlich war sicher auch die Möglichkeit, im Rahmen von »Notstandsarbeit« solche Projekte ausführen zu lassen. In diesen bewegten zwanziger Jahren entstanden beispielsweise die heute noch bestehenden Anlagen im alten Wiehrefriedhof (bereits im Dezember 1922 vom Stadtrat beschlossen) und an der Ecke Kreuz- und Colmarer Straße.

Äußere Umstände, wie die große Wohnungsnot und der zunehmende motorisierte Individualverkehr, dem ab 1926 zudem weitgehend uneingeschränkte Abstellmöglichkeiten im öffentlichen Raum zugestanden wurden[29], griff das Gartenamt als Argumentationsgrundlage auf, um die Ausweitung des Spielplatzangebots voranzutreiben.[30] Große Vorhaben wie der Neubau der Universitätsklinik und der Umbau des Bahnhofs hatten Änderungen der Bebauungspläne zur Folge, was auf Kosten bereits vorgesehener Spielplätze ging.[31]

1929 konnte das Gartenamt die Erfolgsmeldung über achtzehn neu geschaffene Kinderspielplätze innerhalb der letzten Jahre erstatten.[32] Spätestens Anfang der dreißiger Jahre war die Notwendigkeit von Spielplätzen kein Thema für Auseinandersetzungen mehr. Meinungsverschiedenheiten ergaben sich lediglich hinsichtlich der zu setzenden Schwerpunkte zukünftiger Entwicklung. So sah das Gartenamt die jährlich zur Verfügung stehenden 8 000 Reichsmark vor allem für die bessere Ausstattung

Tabelle 4: **Anzahl und Fläche der Kinderspielplätze von 1948-1970**

Jahr	Anzahl	Fläche in qm
1948	17	16 289
1949	19	18 199
1950	21	22 042
1951	22	23 312
1952	24	25 990
1953	25	28 368
1954	25	28 368
1955	27	34 888
1956	29	37 947
1957	32	46 908
1958	33	53 632
1959	35	56 529
1960	38	60 805
1961	41	65 953
1962	43	82 116
1963	47	90 088
1964	48	94 660
1965	51	99 073
1966	56	111 648
1967	60	135 174
1968	61	139 862
1969	63	152 713
1970	65	164 150

vorhandener Plätze vor,[33] während der Bauausschuss für Neuanlagen plädierte.[34]

Nach der nationalsozialistischen Machtübernahme unterwarf sich auch das Gartenamt vollmundig dem Kanon völkischen Sprachgebrauchs und brachte seine Auffassung, nunmehr zeitgemäß adaptiert, zum Ausdruck. Spielplätze seien vor allem auch deshalb notwendig, »weil auf ihnen die Kinder aller Bevölkerungsschichten zusammentreffen, sich dort kennen und achten lernen und damit den ersten Antrieb zur Bildung der Volksgemeinschaft erhalten. (...) Die Zeit, in der man die Anlage von Kinderspielplätzen als etwas Nebensächliches betrachtete, infolgedessen für die Kinderspielplätze nur Gelände verwendete, das man nicht überbauen oder sonst einem anscheinend wichtigeren Zweck zuführen konnte, ist längst vorüber und wird im national-sozialistischen Staat nie wiederkehren.«[35]

Vier Jahre später, 1940, bombten deutsche Flieger deutsche Kinder von einem Spielplatz im Stadtteil Stühlinger. Als Konsequenz aus dem verheerenden Angriff wurde daraufhin die Benutzung der Hälfte aller Kinderspielplätze in Freiburg verboten – wegen fehlender Luftschutzräume in der Nähe.[37]

Nach der Zerstörung Freiburgs und dem Ende des Zweiten Weltkriegs stand das Thema Kinderspielplätze verständlicherweise nicht an vorderster Stelle der Prioritätenliste. Zumindest ein Großteil der Plätze war zwar zerstört bzw. unter Trümmerhaufen begraben, doch die Freiburger Kinder nahmen sich ersatzweise die aufregendsten Spielorte, die ihnen je zur Verfügung gestanden hatten: die Trümmergrundstücke. Nicht nur die Gefährlichkeit dieser Aneignung unerlaubten Terrains, sondern auch die Wiederkehr oder Fortsetzung alter Probleme – die

*Spielplatz Lindenheim
Haslach, 1968*

*Spielplatz Gäßle
in St. Georgen, 1968*

*Spielplatz
Ettenheimer Straße
mit Kletterbäumen,
1968*

rasante Bauentwicklung und die Zunahme des motorisierten Verkehrs – sorgten für eine verhältnismäßig rasche Besinnung auf kindliche Belange. Von 1948 an entstanden jährlich ein bis zwei neue Kinderspielplätze. Ab Mitte der fünfziger Jahre gab es gelegentlich drei und ab 1962 bis zu vier neu geschaffene Plätze pro Jahr. 1955 hatte sich die zur Verfügung stehende Fläche bereits mehr als verdoppelt, 1970 gar verzehnfacht.[38] Dies steht natürlich in unmittelbarem Zusammenhang mit der extremen Ausweitung der bebauten Flächen in den ersten Jahrzehnten nach Kriegsende. Dass nicht nur in Neuanlagen investiert wurde, sondern ebenso in die Erhaltung bzw. bessere Ausstattung bestehender Plätze, zeigt ein Blick auf die Höhe eingesetzter Gelder: Zwischen 1950 und 1952 gab die Stadt Freiburg über 24 000 DM für Kinderspielplätze aus. 1953 waren es 53 000 DM[39], obwohl in diesem Jahr nur ein neuer Spielplatz hinzu kam.

Die Verwirklichung alter Ideen und neue Entwicklungen liefen in den fünfziger Jahren parallel zueinander. 1955 wurde mit dem Weidweg in Freiburg-West die erste Spielstraße freigegeben.[40] Doch schon in den zwanziger Jahren – so vermeldete die »Freiburger Zeitung« – habe ein Berliner Arzt einen entsprechenden Vorschlag unterbreitet, der jedoch nicht in Deutschland, sondern in Tokio umgesetzt worden sei.[41] Eine Anregung aus dem Jahr 1913 erlebte erstmals 1958 mit der Freigabe von elf Schulhöfen als Spielplätze in den Sommerferien ihre Realisierung.[42] Im gleichen Jahr hielt Beton in Form von Kriechröhren Einzug auf Freiburger Spielplätzen.

Die Verlagerung von Schwerpunkten kennzeichnete die sechziger Jahre. Während in der ersten Hälfte vermehrt Fragen der Gefährdung und Haftung auf

Spielplätzen diskutiert wurden, fiel in der zweiten Hälfte das Nebeneinander von Gegensätzen auf. Am Sandfang wurde 1967 ein Spielplatz mit Hütten, einer Kletterpyramide und einem begehbaren Schiffsmodell errichtet – alles aus Holz. Ein sowohl von den dargebotenen Gegenständen als auch vom Material her völlig neuartiger Ansatz. Gleichzeitig entstanden in den Trabantenstädten Weingarten und Landwasser – quasi als verkleinerte Spiegelbilder ihrer Umgebung – Spielplätze aus Betonquadern und -röhren. Graue Betonplatten mussten gar die fehlenden Bäume als Schattenspender ersetzen.

Diese Situation kennzeichnete einen gewissen Wendepunkt in der Geschichte der Freiburger Kinderspielplätze und verwies zudem auf einen Trend, der heute mehr Aktualität besitzt als je zuvor: die Privatisierung öffentlicher Aufgaben. Seinerzeit schufen die großen Wohnbaugesellschaften in den neuen Wohngebieten im Grunde private Spielplätze, da sie nur für die Kinder ihrer Mieter gedacht waren. Wie bei allen Wirtschaftsunternehmen setzte die Kostenorientierung den Maßstab ihres Tuns. Die traditionell öffentlichen Kinderspielplätze dagegen verblieben unverändert in der Verantwortung des städtischen Gartenamts. Ihm ist die Möglichkeit gegeben, Offenheit für gesellschaftliche Veränderungen und neue wissenschaftliche Erkenntnisse auf Gebieten wie Pädagogik und Kinderpsychologie zu demonstrieren. Darin liegen die Voraussetzungen, auch Neuland abseits der breitgetretenen Pfade erfolgreich begehen zu können. Nur eine weitgehend unabhängige, allein dem Wohl der Jugend verpflichtete, Institution kann Garant für eine Weiterentwicklung in diesem Sinne sein. ◖F

Stühlinger Kirchplatz, 60er Jahre

51

Spielplatz Friedhofstraße, 1962

Anmerkungen

[1] Vgl. StadtAF C 3, 3/2 (Brief des Lokalvereins Nordstadt an den Stadtrat vom 6. 12. 1907).

[2] Ebenda.

[3] Ebenda (Eingabe des Lokalvereins Nordstadt an den Stadtrat vom 20. 2. 1907).

[4] Ebenda.

[5] Vgl. StadtAF C 2, 59/25 (Errichtung eines Volkskindergartens in der Freiau 1875-1878) und 59/26, Nr. 1 (Errichtung eines Volkskindergartens in der Wiehre 1875-1891).

[6] Vgl. StadtAF C 3, 2/6 (Schreiben des städtischen Tiefbauamts vom 19. 6. 1901).

[7] Vgl. StadtAF C 3, 2/6.

[8] Vgl. StadtAF C 3, 2/6 (Stellungnahme des städtischen Tiefbauamts vom 19. 6. 1901).

[9] Vgl. StadtAF C 3, 3/3 (Gesuch des Lokalvereins Stühlinger vom 6. 7. 1906).

[10] Vgl. StadtAF C3, 3/2 (Eingabe des Lokalvereins Nordstadt an den Stadtrat vom 20. 2. 1907).

[11] Vgl. ebenda (Beschluss des Stadtrats vom 10. 4. 1907).

[12] Ebenda (Stellungnahme der Spielplatzkommission vom 23. 1. 1908).

[13] StadtAF C 3, 3/3 (Gesuch des Lokalvereins Stühlinger vom 14. 6. 1909).

[14] StadtAF C3, 364/7 (Schreiben des "Zentral-Ausschusses zur Förderung der Volks- und Jugendspiele in Deutschland" vom 23. 11. 1912).

[15] Vgl. ebenda (Verzeichnis des städtischen Tiefbauamts vom 11. 12. 1912).

16 Vgl. StadtAF C 3, 2/7 (Schriftstücke vom 15. 10. bis 19. 11. 1913).

17 Die Flächenangabe aus dem Vertrag zwischen Stadt Freiburg und Lokalverein Nord vom 18. 3. 1908, in: StadtAF C 3, 3/2

18 Vgl. StadtAF C 3, 3/2 (Schreiben des Lokalvereins Nordstadt vom 15 .3. 1908).

19 Vgl. StadtAF C 3, 3/3 (Beschluss des Stadtrats vom 28. 4. 1915).

20 Vgl. »Der Spielplatz – Gesetzentwurf und der Deutsche Reichsausschuß für Leibesübungen« von Kreisturnwart Schroeder, Bonn, in: Deutsche Turnerzeitung, ca. 1918, S. 192 (StadtAF C 3, 2/7).

21 Ebenda.

22 Ebenda, S. 193.

23 Vgl. StadtAF C 3, 2/7 (Schreiben von Prof. Aschoff an den Oberbürgermeister von Freiburg vom 28. 4. 1918).

24 Vgl. Akten im Gartenamt (dem Verfasser stand eine Kopie des Verzeichnisses zur Verfügung).

25 StadtAF C 4, XI/3, Nr. 12 (Bericht des Gartenamts an den Stadtrat vom 4. 6. 1920).

26 Vgl. StadtAF C 4, XI/3, Nr. 12 (Mitteilung des Stadtratbeschlusses an das Gartenamt vom 7. 7. 1920).

27 Ebenda.

28 Vgl. StadtAF C 4, XI/3, Nr. 12 (Schreiben des Gartenamts vom 18. 4. 1922).

29 Vgl. Freiburger Zeitung Nr. 117 vom 30. 4. 1926, 1. Blatt.

30 Vgl. StadtAF C 4, XI/3, Nr. 16 (Antrag des Gartenamts an den Stadtrat vom 20. 1. 1926).

31 Vgl. StadtAF C 4, XI/3, Nr. 12 (Schreiben des Gartenamts an den Stadtrat vom 22. 3. 1927).

32 Vgl. ebenda (Schreiben des Gartenamts an den Stadtrat vom 12. 8. 1929).

33 Vgl. ebenda (Bericht des Gartenamts über 1931 und Planung für 1932 vom 21. 7. 1932).

34 Vgl. ebenda (Ergebnis einer Bauausschusssitzung vom 2. 12. 1932).

35 StadtAF C 4, XI/3, Nr. 14 (Schreiben des Gartenamts an den Oberbürgermeister vom 28. 4. 1936).

36 Vgl. StadtAF C 4, XI/31, Nr. 3 (Akte über den Luftangriff auf Freiburg am 10. 5. 1940).

37 Vgl. StadtAF C 4, XI/3, Nr.13 (Schreiben des Polizeidirektors an den Oberbürgermeister vom 20. 5. 1940). Eine interne Aufstellung des Gartenamts von etwa 1970 gibt die Zahl der Kinderspielplätze in 1939 mit 16 an (vgl. Akten im Gartenamt; dem Verfasser stand eine Kopie zur Verfügung). 1940 wurde das Spielen auf 8 Plätzen verboten. Allerdings waren für 1929 schon 18 neu geschaffene Spielplätze vermeldet worden, ohne die bereits vorhandenen. Diese Diskrepanz war nicht schlüssig zu klären. Das Phänomen differierender Zahlenangaben setzte sich leider auch nach dem Zweiten Weltkrieg fort, ohne dass über die Ursache mehr als gemutmaßt werden könnte.

38 Die Zahlen sind entnommen aus einer internen Aufstellung des Gartenamts von etwa 1970 (vgl. Akten im Gartenamt; dem Verfasser stand eine Kopie zur Verfügung).

39 Vgl. BZ vom 21. 9. 1954.

40 Vgl. BZ vom 30. 6. 1955.

41 Vgl. Freiburger Zeitung Nr. 235 vom 27. 8. 1928, 2. Abendblatt.

42 Vgl. BZ vom 6. 8. 1958.

Spielen im Sand

um 1985

*30er
Jahre*

*30er
Jahre*

Die »Stadtzeitung für Freiburg« als Spielobjekt, nach 1979

*um
1995*

*90er
Jahre*

Weingarten, 1974

80er Jahre

55

Badefreuden in Freiburg von 1900–1935

Bernd Grün

Ich möchte hier über die »Freuden des Wassers« zu Beginn des zwanzigsten Jahrhunderts berichten. Dabei interessiert mich das »wilde Baden« genauso wie das Schwimmen in Badeanstalten. Noch bis weit ins zwanzigste Jahrhundert hinein war eine Badeanstalt nicht einer Schwimmanstalt gleichzusetzen. Weite Schichten der Bevölkerung mussten zu dieser Zeit noch öffentliche Dusch- oder Wannenbäder aufsuchen, um sich gründlich reinigen zu können. Es war noch lange keine Selbstverständlichkeit, ein eigenes Badezimmer in der Wohnung zu haben. Erst in den zwanziger Jahren des zwanzigsten Jahrhunderts war der Einbau von Badezimmern – allerdings vorerst nur in Neubauten – zum Standard geworden.

Im Mittelalter gab es eine sehr ausgeprägte Badekultur. In den mittelalterlichen Badestuben wurde neben der Verabreichung von Wannenbädern geschröpft, es wurden Schwitzbäder eingenommen, Haare geschnitten, rasiert und kleine chirurgische Eingriffe ausgeführt. Daneben waren die Badestuben ein gesellschaftlicher Treffpunkt, wo auch gespeist wurde.[1] Vom Schwimmen war hierbei nicht die Rede. Wer im Mittelalter und in der frühen Neuzeit schwimmen gehen wollte, musste dies in Seen, Weihern, Flüssen oder Bächen tun.[2] Aufgrund der geringen Bevölkerungsdichte und dem ausreichenden Vorhandensein von Gewässern, die auch im Sommer Wasser führten, war es gar nicht notwendig, besondere Räume für die Badenden abzugrenzen oder für Trennwände und Umkleidekabinen zu sorgen. Ein Gebüsch erfüllte denselben Zweck. Erst die Zunahme der Bevölkerung und die Verstädterung machten es nötig, besondere Vorkehrungen zu treffen.

Dass Schwimmen einfach Spaß macht, im Sommer Abkühlung verschafft, durch das Bewegen im kalten Wasser den Kreislauf in Schwung bringt und wohlige Gefühle verschafft – dies alles ist Grund genug, im Sommer ins Wasser zu gehen und zu schwimmen. Dem Schwimmen wurde aber eine darüber hinausgehende, größere Bedeutung zugemessen. Der englische Philosoph John Locke forderte beispielsweise 1693, dass alle Knaben »zur Förderung ihrer körperlichen Entwicklung schwimmen lernen sollten«. Unter Rousseaus Einfluss traten auch deutsche Pädagogen wie Basedow und Pestalozzi um 1800 für das Schwimmen ein »als Teil einer naturgemäßen, Körper und Geist in Harmonie entwickelnden Erziehung«.[3]

Gegen Ende des neunzehnten Jahrhunderts propagierten Vereine wie die »Deutsche Gesellschaft für Volksbäder« (1899 gegründet) die Vorzüge des Schwimmens und Badens. Sie hatten es sich zum Ziel gesetzt, die Bevölkerung aufzuklären und Initiativen und Aktiengesellschaften zur Gründung von Bädern ins Leben zu rufen. Die Frage der Reinlichkeit mit Hilfe der Wannen und Brausen und die Schwimmbadfrage wurde bis weit ins zwanzigste Jahrhundert hinein gemeinsam diskutiert. So diente auch das Schwimmen in Bächen und Flüssen der Reinigung und auch das Brausebad, primär zur Reinigung gedacht, der Belebung und Durchblutung. Die »Badlustigen« Freiburgs versammelten sich an Bachläufen (Hölderlebach, Mühlbach), an der Dreisam oder an Weihern (z.B. an der Merzhauser Straße), um den sommerlichen Vergnügungen des Wassers zu frönen. Dass dabei die Geschlechter nicht immer fein säuberlich getrennt waren, die Bekleidung nicht immer als züchtig angesehen

nach 1910

wurde und sich die Sittenstrengen vor ihrem geistigen Auge die wildesten moralischen Verfehlungen ausmalten, war wohl unvermeidlich. Schon 1804 beschwerte sich die Erzherzogliche Kammer im Breisgau beim Freiburger Magistrat, dass sich »halberwachsene Mädchen öffentlich in die Gesellschaft badender Buben begeben«, und die Buben sich »Unverschämtheiten gegen Vorübergehende, besonders Weibsbilder«, erlauben würden. Der Magistrat wurde aufgefordert, für die »öffentliche Moralität« sowie für die »Gesundheit und das Leben der Badlustigen« einzutreten und die Missstände zu beheben.[4] Vom Magistrat wurde eine entsprechende Polizei-Verordnung erlassen. Auch noch über hundert Jahre später wurden die gleichen Argumente gegen das wilde Baden gebraucht. Die Obrigkeit und die sittenstrengen Bürger sahen es lieber, wenn in den Schwimmanstalten gebadet wurde. Dort waren Umkleideräume vorhanden und die Geschlechtertrennung war durch verschiedene Öffnungszeiten für Männer und Frauen gewährleistet

Strandbad, ca. 1930-35

Strandbad, ca. 1930-35

Faulerbad, ca. 1930-35

und konnte durch das Personal kontrolliert werden. Bereits seit 1841 bestand die Stadlersche Schwimmschule, später von Oscar Heim übernommen (heutiges Lorettobad). Hier wurde ab 1886 auf Heims Initiative hin auch ein »Damenbad« eingerichtet.[5] Das Heimsche Bad, vor allem von Jugendlichen zum Schwimmenlernen genutzt, genügte jedoch bald nicht mehr den Ansprüchen der schnell wachsenden Stadt. Außerdem lag es zu weit vom Stadtzentrum entfernt und wurde nach privatwirtschaftlichen Gesichtspunkten geführt, was von Seiten der Stadt bemängelt wurde, die so kaum Einfluss auf die Eintrittspreisgestaltung und die Öffnungszeiten hatte. 1866 wurde das »Faulerbad« (zuerst »Dreisambad« genannt) an der Dreisam zwischen Kronen- und Eisenbahnbrücke eröffnet – ganz bewusst als »wohlthätige und gemeinnützige Anstalt«. Die Arbeiter und Arbeiterinnen Freiburgs erhielten am Sonntagnachmittag ermäßigten Eintritt. Die städtische Beurbarungskommission hatte 1859 die ersten Planungen vorgelegt.

Das Faulerbad wurde zunächst als Aktiengesellschaft mit finanzieller Beteiligung der Kommission gegründet, kam aber schon 1871 in städtischen Besitz. Zuerst gab es nur ein Schwimmbassin, später kam ein zweites hinzu, so dass sich Männer und Frauen nicht mehr – selbstverständlich zu verschiedenen Zeiten – ein Becken teilen mussten.[6] Landschaftlich war das Heimsche Schwimmbad, am Rande Freiburgs an der Wonnhalde, unterhalb des Lorettobergs, schöner gelegen als das Faulerbad, das mehr oder weniger mitten in der Stadt lag. Nicht selten gab es von den Anwohnenden in der Schillerstraße und Faulerstraße Beschwerden, weil diese den Anblick von naturgemäß leichtbekleideten Badenden ertragen mussten. Die Wassertemperaturen in diesen Freibädern darf man sich nicht zu warm vorstellen. Im Faulerbad wurden wohl 16 Grad Wassertemperatur selten überschritten, obwohl in großen Vorwärmern (große, flache Wasserbecken) das Wasser vor dem Einlauf in das Schwimmbassin von der Sonne erwärmt wurde.[7]

Das Marienbad, von Franz Mentele 1868 als Wannenbad gegründet, wurde später zum Hallenschwimmbad ausgebaut. Es blieb lange Zeit das einzige Hallenschwimmbad in Freiburg, was häufig als Missstand empfunden wurde. Die Abmessungen des Schwimmbassins waren mit 8 x 16 m zudem äußerst bescheiden. 1901 wurde das Marienbad in städtischen Besitz übernommen. Anstatt sich ein großes, auch im Winter benutzbares Hallenbad zu leisten, erbaute die Stadt Freiburg mit Hilfe von Arbeitsbeschaffungsmaßnahmen 1934 am Freiburger Stadtrand bei Littenweiler das Strandbad.[8] Für damalige Verhältnisse waren die Abmessungen äußerst großzügig. Die Becken des Strandbads hatten zusammen eine Wasserfläche von 4 000 qm, wobei das Nichtschwimmerbecken eine Größe von ca. 50 x 55 m und das Schwimmerbecken 30 x 50 m aufwies. Viel Wert legte die Stadt auf eine große Liegewiese: Die Licht- und Luftbäder waren seit dem Beginn des Jahrhunderts in Mode gekommen und wurden in den zwanziger Jahren auch in der Freiburger Öffentlichkeit verstärkt gefordert. Im Strandbad standen in den dreißiger Jahren 54 000 qm Sport- und Liegewiesen zur Verfügung, im Lorettobad waren es 9 500 qm und im Faulerbad gar nur 5 300 qm. Ganz bewusst gewählt war die Lage gleich neben dem kurz zuvor eingeweihten universitären Sportzentrum. Beim Strandbad ist der

*Strandbad,
ca. 1930-35*

*Strandbad,
1948*

um 1939

59

Bernd Grün

*Dreisam,
um 1932*

*Links im Bild
die Vierjährige,
die im Faulerbad
ein Oberteil
tragen sollte,
etwa 1930*

Dreisam, um 1932

Zusammenhang mit dem »wilden Baden« besonders deutlich.

Um innerhalb des Stadtgebiets zu verhindern, dass SpaziergängerInnen durch den Anblick der leichtbekleideten Badenden an der Dreisam belästigt werden, wurde der Bau und die Erweiterung von Badeanstalten forciert. Dort waren bis in die dreißiger Jahre hinein die Geschlechter getrennt und man konnte sich gesittet in Umkleidekabinen umziehen. Wie man unschwer vermuten kann, so glich das Klima in den Badeanstalten zwar nicht unbedingt einer preußischen Kaserne, aber zum freien Herumtollen im Kreise der Familie waren diese Anstalten nicht geeignet. Selbst kleinen Kindern war es nicht gestattet, nackt im Schwimmbad herumzulaufen. In einem Fall wurde eine Mutter, die mit beiden Töchtern (drei und vier Jahre alt) ins Faulerbad gekommen war, von der Bademeisterin aufgefordert, der Vierjährigen ein Oberteil anzuziehen, nur weil diese im Gegensatz zu ihrer jüngeren Schwester durch ihre langen Haare anscheinend eindeutig als Mädchen zu identifizieren war. Nach diesem Vorfall besann sich diese Familie wieder auf das »wilde Baden« an der Dreisam. So konnte auch der Vater mitkommen, der ins Männerbad musste und so vom Rest der Familie isoliert war. Besonders aufregend waren die Spiele am Wasserfall an der Dreisam.[9] Doch das »wilde Baden« hatte auch Nachteile, denn sowohl die Bäche als auch die Dreisam führten im Sommer recht wenig Wasser. An Schwimmen konnte nicht gedacht werden, wenn man nicht die Dreisam abschnittsweise staute, um ein paar Schwimmzüge machen zu können oder sogar einen Kopfsprung zu riskieren. An heißen Sommertagen wichen viele Badende an die Elz bei

Denzlingen aus, die ein wenig mehr Wasser führte und nicht in unmittelbarer Nähe einer Stadt lag. Nicht alle konnten es sich hingegen leisten, mit dem Zug ins Rheinschwimmbad nach Breisach oder an die Schwarzwaldseen (Titisee und Feldsee) zu fahren.

Um das Schwimmen als Körperertüchtigung und Sport ging es dem 1919 gegründeten Freiburger Schwimmverein.[10] So wurden immer wieder Wettkämpfe und Meisterschaften ausgerichtet. Kreise um Privatdozent Alfred Stühmer (Mediziner), Arthur Goldschagg und Albert Broglie (Postmeister in Titisee) hatten bereits davor erste Überlegungen zur Gründung eines solchen Vereins am Titisee angestellt.[11] Bald nach seiner Gründung in Freiburg schaffte sich der Verein am Titisee ein zweites Standbein. Er erwarb dort ein Stück Grund am See mit einer Scheune und errichtete wenig später mit Spendengeldern ein Vereinshaus, in dem die Mitglieder übernachten konnten. In Freiburg blieb die Tätigkeit des Vereins zuerst auf das Marienbad beschränkt. 1921 bis 1926 erhielt er das Heimsche Schwimmbad, das – jahrelang nur vom Militär genutzt – in sehr schlechtem Zustand war und richtete es mit großem ehrenamtlichem Einsatz wieder her. Daneben konnte der Schwimmverein auch das Faulerbad nutzen. Unermüdlich warb besonders dessen erster Vorsitzender Alfred Stühmer für den Schwimmsport und rief immer wieder zur Körperstählung und zur Kameradschaft auf, als ginge es darum, sich schon auf den nächsten Krieg vorzubereiten. Im Schwimmverein war besonders die Jugend stark vertreten. Bereits 1920 wurde in Freiburg ein Damenschwimmverein gegründet, der auch in der Vereinszeitung des »Männerschwimmvereins« berichten durfte.

Die zu dieser Zeit noch eigenständige Gemeinde St. Georgen leistete sich 1930 ein erstaunlich großes Schwimmbad[12], dessen Bassin (ca. 65 x 60 m) kurioserweise durch einen Bretterzaun geteilt war, der bereits am Ufer begann und dafür sorgte, dass sich männliche und weibliche Wesen in Badekleidung nicht sehen konnten.

Das St. Georgener Bad war allerdings durch sein trübes Wasser in Verruf gekommen. Selbst das Militär hatte sich Ende der dreißiger Jahre geweigert, im St. Georgener Bad zu schwimmen. Der ehemalige Brand- und Mühlenweiher – auch als Schwimmbad war die abgerundete Form noch deutlich zu erkennen – war nämlich nur notdürftig am Boden mit Kieseln befestigt worden. 1939 beschloss der Freiburger Stadtrat nach der Eingemeindung von St. Georgen, das Bad zu verkleinern und zumindest den Boden im Nichtschwimmerteil zu betonieren.[13]

Einen Kompromiss zwischen Badeanstalt und wildem Baden stellte die Badestelle in Haslach dar.[14] In Haslach badeten im Dorfbach – eine Fortsetzung des Hölderlebachs, der auch das Lorettobad in der Wiehre lange mit Wasser versorgte – ohnehin seit jeher Kinder und Jugendliche. Da das Geld für eine separate Schwimmanstalt fehlte, plante man bereits 1907, mit kleinen Eingriffen am Bach das Baden der Kinder zu erleichtern und sie damit vor allerlei Gefahren zu schützen. Der Lokalverein berichtete dem Stadtrat 1913 mit Bestürzung, dass das Fehlen einer geeigneten Badegelegenheit »in den letzten Jahren zu Missständen geführt habe, deren sofortige und gründliche Abstellung aus pädagogischen und moralischen Gründen dringend gefordert werden muss.« Sorgen machte es dem Lokalverein, dass die Badeplätze der beiden Geschlechter fast beisammen

61

nach 1910

Nonnenmattenweg, nahe der Güterbahnlinie. Zur gleichen Zeit wurde als Alternative zu diesen Badestellen die Errichtung eines Brausebades in der Haslacher Volksschule diskutiert. Ob die Kinder von Haslach an einer Dusche ebensoviel Spaß gehabt hätten wie an dem Badespaß im Freien?

Nach Zerstörung der beiden Bäder wurde, nachdem die Pfarrer Schäfer und Carl Kistner und der Oberlehrer Anton Weber eine Bittschrift[16] verfasst hatten, 1924 zuerst das Knabenbad wiedererrichtet. Ein Jahr später folgte das Mädlebad. Für das Mädlebad wurde jetzt das Bachbett betoniert und seitlich befestigt, es wurde eine Treppe angelegt, die in das Wasser führte und ein Bretterzaun zum Kleideraufhängen aufgestellt. Außerdem wurde das Wasser auf 12 – 15 m Breite zu einer Art Weiher gestaut, so dass es einem kleinen Kind im Alter von vier oder fünf Jahren immerhin bis zur Brust reichte. Die Haslacher Bürger hatten nachdrücklich darauf hingewiesen, dass es für die kinderreichen und armen Haslacher Familien teuer und umständlich sei, ihre Kinder in die Badeanstalten in die Wiehre (Lorettobad) oder an die Dreisam (Faulerbad) zu schicken.[17] So klein und primitiv das inmitten von Wiesen gelegene Haslacher Mädlebad ausgestattet war, so sehr genügte es den Ansprüchen der kleinen Haslacherinnen, die auf der Wiese herumtollten, sich große Blechbüchsen (vorzugsweise von der Firma Maggi) auf den Rücken banden und so ihre ersten Schwimmversuche machten. Das Wasser war in dem schnell daherfließenden Dorfbach klar, im Sommer war der Wasserstand freilich häufig etwas enttäuschend, was nicht allein an der Trockenheit lag, sondern auch daran, dass die umliegenden Wiesen vom Dorfbach gewässert wurden, was Vorrang

lägen, und ein viel begangener Weg vorbeiführe. Dabei sei es »mehrfach zu Excessen schamloser junger und alter Menschen« gekommen. »Besonders die Familienväter« hätten sich hierüber empört. Nach diesem Alarmschreiben, dem sich die Pfarrämter Haslachs aus »pastorellen Gründen« anschlossen[15], errichtete die Stadt im Jahr 1914 endlich ein Mädchen- und ein Knabenbad. Das sog. »Mädlebad« (auch »Entenbad« und »Grottenwässerle« genannt) befand sich zwischen der heutigen Staudinger-Gesamtschule und dem Haslacher Hallenbad und das Knabenbad etwas bachabwärts, am vor dem Baden hatte. Nach starken Regenfällen wurden einige interessante Dinge angeschwemmt, die sich in der Stellfalle verfingen und entfernt werden mussten. Ein Ausweichen ins Lorettobad, wo immerhin zuverlässig Wasser vorhanden war, war selten möglich, da dies mit Unkosten und einem langen Fußmarsch verbunden gewesen wäre. Nicht immer stand ein Fahrrad zur Verfügung. Die Badestelle muss gut angekommen sein, denn 1927 hatte das Gartenamt große Pläne für die Erweiterung des Mädlebades ins Auge gefasst.[18] Die Badestelle am Dorfbach sollte befestigt und erweitert, ein größeres Wiesenstück sollte umzäunt und mit Umkleidekabinen versehen werden. Das Gebiet des Armenfonds, auf dem sich das Mädlebad befand, stand jedoch in Bälde zur Bebauung an, und so nahm man von diesen Plänen Abstand. Einzig ein Holzhäuschen mit einer Toilette gönnte man den Mädchen. Die Bebauung des Freiburger Stadtgebietes griff immer mehr um sich und engte damit die Spielräume der Kinder ein. Seit 1938 war die Badestelle wohl nicht mehr in Gebrauch.[19] Der Dorfbach wird aber auch heute noch von Kindern zum Spielen aufgesucht, wenn auch nur zum Spielen und nicht mehr zum Schwimmen.

Dem Haslacher Beispiel wollte man in Betzenhausen folgen. Wie in Haslach am Dorfbach, so war das Baden der Jugend am Mühlbach üblich. Die Schulabteilung Betzenhausen bat 1921 den Stadtrat, eine Badestelle einzurichten, da für die »Reinlichkeitspflege auch im kleinsten Vororte Notwendigkeit« sei.[20] Auf wiederholten Antrag hatte nämlich der Stadtrat die Einrichtung eines Schüler- und Volksbades (mit Brausen und Wannen) abgelehnt. So sollte wenigstens das »wilde Baden« der Jugend erlaubt sein. Die Kinder hatten angeblich den Grundstückseigentümern am Graswuchs Schaden zugefügt, außerdem – so Gemeindebürovorsteher Zähringer – »sind das keine Zustände, wenn alles miteinander badet, Knaben und Mädchen«. Nach schulärztlichen Untersuchungen, die die »mangelhafte häusliche Körperpflege der Betzenhausener Jugend« beklagte, war die Errichtung eines Freibades empfohlen worden.[21] Nach Plänen des Gesundheitsamtes sollten 20 Sitzplätze zur Kleiderablage, Einzäunungen, Auskleideplätze und eine Wassertreppe errichtet werden. Es kam allerdings nur zu einer provisorischen Lösung: Der Lokalverein selbst mietete 1923 am Mühlbach eine Badestelle und nun reichte der gute alte »Busch«, hinter dem man sich umziehen könne. Befriedigende Zustände waren damit nicht geschaffen worden. Nach Errichtung des lange geforderten Schüler- und Volksbades (1927) schien selbst der Lokalverein Betzenhausen das Interesse an einem Freibad am Mühlbach verloren zu haben. Damit meinte man wohl, den Bedürfnissen der Kinder genüge getan zu haben. Diese gingen wohl weiterhin ungeschützt baden, denn der Weg zum Faulerbad war mit vier Kilometern zu Fuß ziemlich weit.

Es gab Freikarten für bedürftige Schülerinnen und Schüler, und auch beim von der Obrigkeit nicht gern gesehenen wilden Baden an der Dreisam drückte man besonders bei den Kleinen meistens ein Auge zu. Bei der Errichtung des Strandbades dachte man an ein Planschbecken und eine Rutsche und im Lorettobad wurde im Damenbad ein winziges Planschbecken gebaut. 1939 wurde dort sogar ein eigener Kinderspielplatz eingerichtet. Die zumeist sehr badebegeisterten Kinder galten oft als Stören-

*Marienbad,
um 1930*

friede, wenn die Arbeiter und Arbeiterinnen nach anstrengender Schicht sich beim Baden erholen wollten. Bei großem Andrang wurden Kinder ohnehin nicht mehr eingelassen. Es wurden immer wieder Forderungen laut, am Abend gar keine Kinder mehr einzulassen.[22]

1932 war es dann auch in Freiburg soweit, dass Männer und Frauen in Badeanstalten gemeinsam baden durften. Erst damit war auch das Baden einer ganzen Familie in einer Badeanstalt möglich geworden. Zuerst war dies 1932 versuchsweise im Faulerbad erlaubt worden. Das im August 1934 eröffnete Strandbad war dann von vornherein auf ein Gemeinschaftsbad ausgelegt. So gab es ein Nichtschwimmer- und ein Schwimmerbecken sowie ein Planschbecken für Kinder. Im letzten Moment versuchte der Stadtverordnete Isele, der sich zuvor mit dem Freiburger Erzbischof besprochen hatte, Schlimmeres zu verhindern. Er unterbreitete dem Oberbürgermeister den Vorschlag, dass sich die »Badenden verschiedenen Geschlechts [...] nur im Wasser träfen« und dass die Umkleideräume und Spielplätze getrennt gehalten werden sollen. Die Stadt ging auf diesen Vorschlag nicht ein, zumal dieser im Vorfeld auch nicht vom Erzbischöflichen Ordinariat abgesegnet worden war.[23]

Bevor der Stadtrat das gemeinsame Baden von Männern und Frauen gestattete, kam es zu heftigen Diskussionen in der Öffentlichkeit. Die »Freiburger Zeitung« und die sozialdemokratische »Volkswacht« agitierten heftig für das Familienbad, es wurden Unterschriften gesammelt und regelrechte Leserbriefschlachten geschlagen. Auch vom Freiburger Erzbischof Fritz gibt es eine Denkschrift, die den Sittenverfall durch das Vorhandensein von Familienbädern anprangerte.[24] Nach Meinung des katholischen Moraltheologen Joseph Mausbach sollte ein »Familienbad« nur im wörtlichen Sinne gestatten werden, also als das gemeinsame Bad *einer* Familie[25]. Wen wunderte diese Einstellung der Kirchenoberen zum Thema Schwimmen, wenn sogar das gemeinsame Wandern von Jungen und Mädchen als unsittlich galt?[26] Schließlich beklagte auch die Bezirkssynode des evangelischen Kirchenbezirks Freiburg die »Auswüchse des Kinowesens, der Mode und des Badebetriebs«. Die »Volkswacht« reagiert besonders scharf: »Muckerische Kreise im evangelischen Lager« seien in punkto Badebetrieb »noch päpstlicher als der Papst«. Wenn es nach ihnen ginge, so »müsste der Säugling schon bis zur Halsbinde zugeknöpft zur Welt kommen«.[27]

Die Stadt Freiburg, die es sich vor allem mit dem Erzbischof nicht verscherzen wollte, verschärfte zum Ausgleich die Kleidervorschriften. Als maßgeblich galt die »Preußische Zwickelverordnung« von 1932.[28] Besonders umstritten war die »Reformbadehose«, eine heute übliche Sportbadehose, auch »Dreiecksbadehose« genannt, die in jeder anständigen deutschen Badeanstalt verpönt war. Dagegen reichte auch die Badehose mit längeren, angeschnittenen Beinen (»Vierecksbadehose«) nicht aus, wenn ein männliches Wesen in Gegenwart von Frauen baden wollte. Hierfür benötigte auch der Mann den »Ganzkörperanzug«. Jugendliche unter 17 Jahren durften ohne Begleitung Erwachsener gar nicht ins Familienbad. Oberbürgermeister Bender, der sich als Zentrumsmitglied nicht offen gegen die Lehren der katholischen Kirche wenden konnte, betonte, dass sich die Stadt Freiburg aus pragmatischen Gründen – vor allem aus Rücksicht auf den

Anzeigenserie, um 1925

Fremdenverkehr – einem Gemeinschaftsbad nicht länger verschließen könnte, das in einigen umliegenden Gemeinden, wie St. Georgen oder Merzhausen, bereits möglich war.

Der Ruf nach einem großen Hallenschwimmbad für alle Bevölkerungsschichten ertönte schon gegen Ende des neunzehnten Jahrhunderts. Freiburg sollte sich als Fremdenverkehrsstadt etablieren. Andere deutsche Städte hatten sich auch längst eine große Schwimm- und Badeanstalt geleistet. Woran lag es, dass eine solche bis in die dreißiger Jahre des zwanzigsten Jahrhunderts hinein nicht errichtet wurde? Pläne gab es genug. Da jedoch innerhalb des Stadtzentrums kein geeigneter Platz gefunden werden konnte, blieb das Marienbad für Jahrzehnte das einzige Hallenschwimmbad in Freiburg. Der Bau des neuen Marienbads, das heute den Kunstverein beherbergt, wurde erst 1937 erstmals erwogen. Die Berichte über die Besuchsfrequenz widersprechen sich. Zumindest im Winter schien sich kaum jemand für das Schwimmen interessiert zu haben. Die große Mehrheit der Bevölkerung verband das Schwimmen mit der warmen Jahreszeit, was aus Berichten des Freiburger Schwimmvereins deutlich zum Vorschein kommt. Es wurde in den zwanziger Jahren sogar erwogen, das Marienbad wegen mangelnden Besuchs zu schließen. Nur die Jugend war auch in der kalten Jahreszeit in der häufig als düster geschilderten Schwimmhalle des Marienbades zahlreich zu finden.[29] Neben dem Schwimmverein nutzten auch die Schulen das Marienbad, um Schwimmunterricht abzuhalten. Der Eintritt ins Hallenbad war im Vergleich zum Eintritt in ein »Freibad« teuer, wurde jedoch zeitweise von den Krankenkassen subventioniert. Auch gab es für das Marienbad Freikarten für bedürftige Schulkinder. Die heute in Freiburg bestehenden Hallenbäder wurden erst nach dem 2. Weltkrieg errichtet.

Das »wilde« Baden hat heutzutage trotz vieler vorhandener Badeanstalten in Freiburg wieder Hochkonjunktur. Die durch den Autobahnbau entstandenen Baggerseen und die Parkseen bieten in Freiburg und Umgebung heutzutage genügend Gelegenheit. Wegen »sittlicher Verfehlungen«, die übrigens in meinem Untersuchungszeitraum nie nachgewiesen werden konnten, gehen dabei die Wogen heutzutage nur noch selten hoch. ❦

Anmerkungen

[1] Zu Freiburg siehe die demnächst erscheinende Monographie von Iso Himmelsbach: »von wegen der Badstuben... « Zur Geschichte des Freiburger Badewesens 1300 bis 1800.; über den Niedergang des mittelalterlichen Badewesens: Martin, Alfred: Deutsches Badewesen in vergangenen Tagen, nebst einem Beitrag zur Geschichte der deutschen Wasserheilkunde. Mit 159 Abbildungen nach alten Holzschnitten und Kupferstichen. Jena 1906, S. 196f.; Schuster, Peter: Das Frauenhaus. Städtische Bordelle in Deutschland (1350-1600), Paderborn 1992, S. 129-133.

[2] Zahlreiche Belege für das Baden unter freiem Himmel hat Alfred Martin gesammelt. (Martin, Deutsches Badewesen..., S. 39-63.)

[3] Für diesen Abschnitt: Pirhofer, Gottfried / Reichert, Ramon / Wurzacher, Martina: Bäder für die Öffentlichkeit – Hallen- und Freibäder als urbaner Raum. In: Das Bad. Eine Geschichte der Badekultur im 19. und 20. Jahrhundert, hrsg. von Lachmayer, Herbert, Mattl-Wurm, Sylvia und Gargerle, Christian, Salzburg und Wien 1991, S. 151-178, hier S. 153.

[4] Erzherzogliche Regierung und Kammer im Breisgau und der Ortenau (Freiburg) vom 18. 5. 1804 an den Magistrat der Stadt Freiburg

(StadtAF Polizei, C 1, Medizinalwesen 3, 27: »Mit Unsittlichkeit und Lebensgefahr verbundenes Baden der Jugend in öffentlichen Gewässern« (1804))

5 Zur Geschichte des Lorettobades: 150 Jahre Lorettobad, hrsg. vom Bürgerverein Mittel- und Unterwiehre e.V. (Adelhausen), Freiburg 1991. Zuletzt: Lutz, Thomas: Baudenkmal des Badewesens. Die Entwicklungsgeschichte des Lorettobades. In: Die Wiehre – Ein Almanach. Freiburg 1999, S. 80-83.

6 StadtAF C 2, 39, Nr. 3: »Errichtung und Betrieb der Badeanstalt an der Faulerstraße« (1859-1891)

7 Die Daten sind von 1886. (StadtAF C 2, 39, Nr. 3: »Errichtung und Betrieb der Badeanstalt an der Faulerstraße« (1859-1891) (Bademeister Meier an den Oberbürgermeister vom Januar 1887)).

8 Das Strandbad sollte nach einem Vorschlag des Gartenamts eigentlich »Lindenbad« heißen – nach dem damals neu entstehenden Stadtteil zwischen Möslestraße, Hirzbergstraße und Littenweiler (Vorschlag: »Lindental«). Weder der Stadtteilname noch der Name für das Bad setzten sich durch. (StadtAF C 4, III/12, Nr.2: »Errichtung eines Familienbades an der Dreisam« (1928-1934) (Gartenamt an den Oberbürgermeister vom 30. 4. 1935)).

9 Die 4-Jährige Freiburgerin (*1926), die damals das Oberteil anziehen musste, erzählte mir im April 2000 ihr Erlebnis im Faulerbad und schwärmte vom wilden Baden an der Dreisam. Ihre Familie wohnte damals in Littenweiler. Sie stellte mir auch einige Fotografien zur Verfügung.

10 Über die Gründung des Schwimmvereins, s. BZ vom 12. 11. 1994.

11 Handschriftliche Erinnerungen von Gerhild Broglie, der Tochter von Schwimmpionier Albert Broglie, vom November 1994. Frau Broglie bestätigte mir in einem Gespräch, dass das Schwimmen, gerade bei Mädchen und Frauen, eine Sache von wenigen »Fortschrittlichen« war.

12 Volkswacht vom 8. 7. 1930 (StadtAF C 4, III/11, Nr. 4: »Anlage von Freibädern, hier: Anregung, Anfragen...« (1926-1938)).

13 StadtAF C 4, III/13, Nr. 1: »Strandbad St. Georgen« (1938-1944).

14 Siehe die Faszikel im Stadtarchiv Freiburg: C 3, 146/2: »Errichtung einer öffentlichen Badstelle in Haslach.« (1907-1919); C 4, III/13, Nr. 4: »Errichtung einer öffentlichen Badestelle in Haslach« (1922).

15 Lokalverein Haslach an den Stadtrat Freiburg vom 30. 5. 1913 (StadtAF C 3, 146/2).

16 Haslacher Bürger an den Stadtrat vom 30. 5. 1922 (StadtAF C 4, III/13, Nr. 4).

17 Ebenda.

18 Gartenamt an den Stadtrat vom 11.6.1927, mit beiliegendem Plan (StadtAF C 4, III/13, Nr. 4).

19 Eines dieser Mädchen (*1921), die sich damals mit Begeisterung im "Mädlebad" vergnügten, berichtete mir im April 2000 detailliert und anschaulich von ihren Badeerlebnissen.

20 StadtAF C 4, III/13, Nr. 2: »Beschaffung einer Badegelegenheit im Vorort Betzenhausen« (1921-1933) (Schulabteilung Betzenhausen an den Stadtrat vom 22. 6. 1921).

21 StadtAF C 4, III/13, Nr. 2 (Schularzt an die Schulkommission vom 26.7.1921).

22 Volkswacht vom 21. 7. 1921: »Sollte die sofortige Vergrößerung der Badeanstalt nicht möglich sein, so müssen wenigstens die Kinder abends nach $^1/_2$6 aus dem Bad entfernt werden.«

23 Aktennotiz des Oberbürgermeisters vom 21.1.1933 (StadtAF, C 4, III/12, Nr. 2).

24 Zur Diskussion um das gemeinschaftliche Baden in Freiburg: Zäh, Michael: Flüstern und Sommergeschrei: Die Geister des Lorettobades. Ich liebte eine Unbekannte. In: 150 Jahre Lorettobad, hrsg. vom Bürgerverein Mittel- und Unterwiehre e.V. (Adelhausen). Freiburg 1991, S. 26-33, v.a. S. 28.

25 Joseph Mausbach: Über Sittlichkeit und Badewesen, erschienen 1930. (StadtAF C 4, III/11, Nr. 4: »Anlage von Freibädern, hier: Anregung, Anfragen...« (1926-1938)).

26 Verlautbarung des Erzbischöflichen Ordinariats (nach: Freiburger Tagespost vom 21.7.1932): »Vor dem gemeinsamen Wandern von Jungen und Mädchen wird eindringlich gewarnt.«

27 Volkswacht vom 25.7.1930 (StadtAF, C 4, XII/31, Nr. 1: »Baden in öffentlichen Gewässern« (1926-1944)).

28 Polizeiverordnung Nr. 56 vom 18.8.1932 der preußischen Gesetzessammlung (Freiburger Tagespost vom 5.10.1932).

29 Siehe etwa den Jahresbericht des Vereins. In: Schwimm-Sport-Verein Freiburg i.Br., Monatliche Mitteilungen, Nr. 2, Februar 1922.

Strandbad, 1970

um 1960   *um 1960*

*Abenteuerspielplatz,
Weingarten, 1979*

Moosweiher, um 1960

70

1970

Strandbad, ca. 1998

71

Von der Kleinkinderbewahranstalt zum Kindergarten. Öffentliche Kleinkindererziehung in Freiburg von 1848 – 1945

Klaus Burger

Im Sommer 1998 feierte der Kindergarten an der Wallstraße ein besonderes Ereignis: Seit 150 Jahren werden hier Kinder im Vorschulalter betreut und versorgt. Die von einem privaten Verein gegründete Anstalt ist damit die älteste in Freiburg. Seit 1881 befindet sie sich in dem Haus Wallstraße 13 am heutigen Greiffeneggring. Eine erstaunliche Kontinuität nicht nur eines Trägers, sondern auch des Ortes. Dafür gibt es in Freiburg nichts Vergleichbares. Diese Dauerhaftigkeit steht im Kontrast zu der Zeit, in der die Betreuungseinrichtung entstand, fiel doch die Gründung mitten ins Revolutionsjahr 1848! Ganz zufällig ist dieser Zeitpunkt nicht, denn schon in den Jahren zuvor hatte sich ein Bewusstsein für soziale Spannungen und mögliche politische Erschütterungen entwickelt. Forderungen wurden erhoben, die Lage der ärmeren Bevölkerung zu verbessern. In diesem Zusammenhang ist ein Artikel in der »Freiburger Zeitung« vom Januar 1848 zu sehen, der die segensreiche Wirkung von Kleinkinderanstalten betonte. Nach diesem letzten Anstoß bildeten Mitglieder aus Adel und Bürgertum ein Komitee, um einen Verein zu gründen, den künftigen Träger der geplanten Kleinkinderbewahranstalt. Die Frauen des Komitees gehörten alle dem Freiburger Frauenverein an, der sich seit langem für die Linderung von Armut und Not einsetzte. Die männlichen Komiteemitglieder waren hohe Beamte und Ärzte sowie je ein Vertreter der evangelischen und der katholischen Kirche. Zweck der Bewahranstalt war es, die Kinder vor Gefahren zu behüten und ihre geistige und körperliche Entwicklung zu fördern. Denn viele Eltern mussten den ganzen Tag arbeiten und hatten für die Betreuung ihrer Kinder kaum Zeit. Mit dem Angebot sollte einerseits den Armen eine Last erleichtert werden, andererseits standen diese dem Arbeitsmarkt wieder ganz zur Verfügung und brauchten damit keine öffentliche Unterstützung. Die Initiatoren zeigten mit ihrem Engagement zweifellos ihre humanitäre Haltung, nach den wirtschaftlichen oder gesellschaftlichen Gründen für die Notlage der Eltern fragten sie jedoch nicht. Jeder konnte Mitglied im Verein werden, der bereit war, einmal jährlich einen selbst gewählten Beitrag zu entrichten. In den Mitgliedslisten finden sich Freiburger Persönlichkeiten wie der Fabrikant Mez, der Verlagsbesitzer Herder, der Erzbischof Vicari oder die Gräfin Colombi. Für die »bessere Gesellschaft« war es offenbar selbstverständlich, den Verein zu unterstützen. Erst nach und nach kamen mehr Mitglieder aus anderen Gesellschaftsschichten hinzu. Konstant hoch mit etwa der Hälfte war der Anteil der Frauen.

Als am 1. Juli 1848 die erste Kleinkinderbewahranstalt Freiburgs gegründet wurde, war ein erster Schritt geschafft. Um den Bestand zu sichern, mussten die mit dem Betrieb verbundenen erheblichen

Ausgaben gedeckt werden. Neben den Vereinsbeiträgen sollten Stiftungen, Zuschüsse und Unterstützungen der Behörden sowie die Einnahmen aus der in der Anstalt aufgestellten Sammelbüchse zur Finanzierung beitragen. Auch die Eltern hatten einen Unkostenbeitrag, den »Suppenkreuzer«, für die Verpflegung und Betreuung ihrer Kinder aufzubringen. Für den 1854 geplanten Kauf eines Hauses in der Gerberau gab der Vereinsvorstand eine Aktienanleihe heraus, deren verzinste Anteile die Mitglieder rege kauften. Durch die Großzügigkeit karitativ gesinnter Frauen flossen der Einrichtung reichlich Mittel zu. Hinzu kamen Erträge aus eigenen Wertpapieren, Erlöse aus Wohltätigkeitskonzerten sowie Geschenke und Spenden, die besonders für die Weihnachtsbescherung der Kinder gegeben wurden.

Bei der Unterstützung der Anstalt stand die Freiburger Stadtverwaltung nicht abseits, sondern bot von Anfang an – maßgeblich aus sozialpolitischen Motiven – Sachleistungen wie Brennholz und auch finanzielle Hilfe. Die Kleinkinderbewahranstalt nahm gemäß den Anstaltsstatuten nur Kinder »bis zum Alter der Schulpflichtigkeit (also durchschnittlich nach dem 2. bis zum 6. Lebensjahre) in einem geeigneten, der Anstalt gehörigen Lokale auf, wo sie über den ganzen Tag unter sorgsamer Aufsicht« standen. Für ihre »Gesundheit und naturgemäße körperliche Entwicklung« sorgten »Bewegung und Uebung in reiner Luft« und »einfache Mittagskost«. Bei der Anmeldung waren Alterszeugnis und Impfschein des Kindes vorzulegen. Es wurde zudem ärztlich untersucht, »da nur gesunde, wenn auch schwächliche, jedenfalls keiner besondern Pflege bedürftige Kinder« Aufnahme fanden. Zeigten sich

bei einem Kind Krankheitszeichen, so hatte das Personal sofort den Arzt des Vereins zu informieren. Denn Krankheiten konnten sich in der Anstalt blitzschnell ausbreiten und stellten eine tödliche Gefahr dar: 1903 fielen einer Masern-Epidemie 20 Kinder zum Opfer.

Die Anstalt hatte im Sommer von 7 Uhr bis 19 Uhr geöffnet, im Winter je nach Tageslänge. Frühstücken sollten die Kinder zu Hause und für nachmittags hatten sie ein Vesperbrot mitzubringen. Als Mittagessen bekamen sie eine kräftige Suppe mit Brot. Leckereien wie Äpfel, Trockenfrüchte und Nüsse gab es zu Weihnachten. Besonders bedürftige Kinder erhielten dann auch neue Schuhe. Zur festlichen Atmosphäre gehörte auch ein Christbaum mit Krippe. Die Kleinkinderbewahranstalt wollte aber nicht nur für das leibliche, sondern auch für das geistige Wohl der Kinder sorgen. Sie sollte eine Bildungsstätte sein, um die geistigen Anlagen und Fähigkeiten der Kinder zu fördern. Dazu geeignete »Spiele, Gedächtniß-, Sprech- und Singübungen« anzubieten, war in den Anfangsjahren Aufgabe eines Volksschullehrers. Er hatte zudem das Personal pädagogisch anzuleiten. Frauen mit »mütterlichem Herzen«, aber ohne spezielle Ausbildung betreuten die Kinder. Bei den Erziehungswerten standen »Reinlichkeit, Ordnungsliebe« und »Sittsamkeit« im Vordergrund. Das Herz der Kinder sollte zur »Liebe gegen die Anderen, zu Verträglichkeit, zur Dankbarkeit und Frömmigkeit« gestimmt werden. Beim Verhalten und im äußeren Erscheinungsbild machte die Anstaltsleitung präzise Vorgaben: Das Kind hatte pünktlich, »rein gewaschen, in nicht zerrissenen Kleidern, und mit einem Sacktuch versehen« zu erscheinen. Bei Zuwiderhandeln drohte der Verweis

KLAUS BURGER

»Hausputz«
im katholischen
Kindergärtnerinnen-
seminar in der
Wallstraße, 1924

Im katholischen
Kindergarten in der
Maienstraße gibt es
eine »Märchenstunde«,
1925

Katholischer Kinder-
garten St. Angelus in
der Albertstraße:
»Wir spielen Kaufladen«,
um 1930

aus der Anstalt. Damen aus dem Vereinsvorstand unterstützten und beaufsichtigten das Personal. Für die üblicherweise nicht berufstätigen Frauen aus Adel und Bürgertum war das eine reizvolle Möglichkeit, selbst mitzuarbeiten. Die Kleinkinderbewahranstalt befand sich ab Oktober 1854 in einem vom Verein erworbenen Haus in der Gerberau. In diesem Viertel lebten damals noch viele aus der ärmeren Bevölkerung, während die wohlhabenderen Schichten zunehmend die Altstadt verließen und in die neu entstehenden Vorstädte zogen. Die Ausdehnung des Stadtgebiets weit über die Begrenzung des alten Festungsgürtels hinaus begleitete ein rasantes Bevölkerungswachstum: Die Zahl der Einwohner stieg von 16 000 in der Jahrhundertmitte auf 89 000 bis zum Ersten Weltkrieg. Aufgrund der großen Nachfrage war das schmale Gebäude in der Gerberau bald völlig überfüllt. Erst als im Sommer 1881 die Kleinkinderbewahranstalt ein neues Haus an der Wallstraße bezog, entspannte sich die Lage. Doch da für immer mehr Kinder Plätze benötigt wurden – zeitweise waren 450 Kinder angemeldet –, herrschte auch hier schon bald wieder drangvolle Enge. An- und Ausbauten brachten ein wenig Abhilfe, eine wirkliche Verbesserung trat erst ein, als sich die Kinderzahl nach dem Ersten Weltkrieg um gut die Hälfte reduzierte. Die Überfüllung der Anstalt in der Gerberau war Anlass für deren Geschäftsführer, Julius von Rotteck, die Stadtverwaltung aufzufordern, angesichts der völlig unhaltbaren Situation aktiv zu werden. Diesem Appell schloss sich die staatliche Aufsichtsbehörde, das Großherzogliche Bezirksamt, an. Zwar hatte 1866 ein Privatmann eine evangelische Kleinkinderschule gegründet, die später vom Evangelischen Stift übernommen wurde; eine Entlastung war aber hierdurch nicht eingetreten, ebensowenig durch die von der Firma Risler in der Wiehre an ihre Arbeitersiedlung – den »Knopfhäusle« – angeschlossene Bewahranstalt. Der Aufruf an die Stadt verhallte nicht ungehört: 1876 gründete eine städtische Kommission in der Arbeitersiedlung Freiau am Westrand der Wiehre den »Volkskindergarten«. Im Unterschied zu einer Bewahranstalt waren hier ausgebildete Kindergärtnerinnen beschäftigt, von denen jede nicht mehr als 50 angemeldete Kinder betreuen sollte. Im Volkskindergarten war vorgesehen, gemäß den pädagogischen Vorstellungen von Friedrich Fröbel zu arbeiten. Mittels didaktischer Materialien, den »Gaben«, wie Ball, Walze, Würfel, wollte Fröbel Spiel mit kognitiver Förderung verbinden und die Selbsttätigkeit der Kinder anregen. Ob sich dies in der Praxis tatsächlich verwirklichen ließ, ist allerdings fraglich. Denn auch im Volkskindergarten wuchs die Zahl der Kinder rasch an. Zudem konzentrierten sich in der Freiau anfangs die Kinder der Allerärmsten, weil hier bis 1892 nur eine einmalige Aufnahmegebühr verlangt wurde. Ab diesem Zeitpunkt gewährte die Stadt Zuschüsse an eine Betreuungseinrichtung nur noch dann, wenn Elternbeiträge erhoben und Kinder aller Konfessionen aufgenommen wurden. Bis auf die Ausnahme Volkskindergarten entsprachen die städtischen Vorgaben der damals üblichen Praxis, der die Anstaltsträger schon aus finanziellem Eigeninteresse nachkamen.

Nach 1881 lösten in der Kleinkinderbewahranstalt an der Wallstraße katholische Ordensschwestern aus Gengenbach die Laienkräfte ab. Dadurch gelang es zwar, die Personalkosten drastisch zu senken, aber

nun erhielt die Anstalt einen eindeutig konfessionellen Charakter, wie ein vergleichender Blick auf den katholischen Kindergarten im Stadtteil Haslach belegt, an dem ebenfalls Gengenbacher Schwestern tätig waren. Dort gehörten Gebet und religiöse Lieder zum festen Tagesprogramm. Einmal wöchentlich war eine »religiöse Stunde« vorgesehen, in der den Kindern beispielsweise die Bedeutung eines christlichen Festes erklärt wurde. Mit den größeren Kindern unternahmen die Schwestern auch kleine »Wallfahrten«. Religiös waren auch die Umgangsformen im Kindergarten: So grüßten die Kinder die Schwestern mit »Gelobt sei Jesus Christus«.

Erst ab etwa 1890 entstanden im katholisch geprägten Freiburg neben evangelischen nun auch vermehrt katholische Betreuungseinrichtungen. Aufgrund des in Baden heftig ausgetragenen Kulturkampfs gegen die katholische Kirche war mehrere Jahre lang behördlich untersagt, in Kindergärten oder Bewahranstalten Personen zu beschäftigen, die einem Orden oder einer ordensähnlichen Vereinigung angehörten. Das Verbot wurde rigoros durchgesetzt wie das Beispiel aus der damals noch eigenständigen Gemeinde St. Georgen bei Freiburg zeigt. Dort ordnete 1875 das Großherzogliche Bezirksamt an, dass die von katholischen Schwestern geleitete Bewahranstalt unverzüglich zu schließen sei. Erst einige Jahre später konnte sie wieder eröffnet werden.

Es gab auch Gründungen von Privatpersonen, die sich in der Regel nur kurz halten konnten und eher eine geringe Rolle spielten. Eine der wenigen Ausnahmen war der Kindergarten von Emmy Kahle, den sie von 1894 bis 1917 leitete, und der sich längere Zeit in der Sedanstraße 6, im Haus einer Freimaurerloge, befand.

Ausgelöst durch den Beginn des Ersten Weltkriegs entstand durch Privatinitiative ein Kriegskindergarten und -hort. Er existierte bis Frühjahr 1919 und war in einem städtischen Gebäude in der Turnseestraße untergebracht. Im Jahr 1930 kam schließlich das Ende für den Volkskindergarten Freiau, der aber als katholische Einrichtung erhalten blieb.

Zu den Kindergartenträgern, die nach kurzer Zeit Schiffbruch erlitten, gehörte auch der SPD-nahe Verein für Jugendfürsorge. Er musste 1923 aufgrund der schlechten finanziellen Lage seinen drei Jahre zuvor gegründeten Kindergarten wieder schließen. Der Kleinkinderbewahranstalt an der Wallstraße gelang es hingegen, die Notjahre der Nachkriegszeit zu überstehen. Rund 100 Firmen in Freiburg wurden angeschrieben und um Hilfe gebeten. Manches Vereinsmitglied war in den Inflationsjahren verarmt, doch andere unterstützten die Anstalt weiterhin, so dass sich die wirtschaftliche Lage nach kurzer Zeit wieder stabilisierte.

In Freiburg hatten nach 1900 konfessionelle, vor allem katholische Betreuungseinrichtungen, eine dominierende Stellung inne. Trotzdem gab es auf katholischer Seite die Sorge, ob diese Position zu halten sei. Die Ordensschwestern konnten zwar die Erziehungsziele der katholischen Bewahranstalt vermitteln – die Kinder religiös-sittlich zu prägen, zu Gehorsam gegen die weltliche und kirchliche Obrigkeit, zum Tätigsein und zur Arbeit anzuhalten –, ihnen fehlte aber eine pädagogische Qualifikation. Um dieses Defizit auszugleichen, wurde 1914 in Freiburg ein katholisches Kindergärtnerinnenseminar gegründet. Dort sollten Fachkräfte ausgebildet und vor allem die zahlreichen aktiven Ordensschwestern nachgeschult werden. Man wollte auch den künftigen

staatlichen Regelungen entsprechen, die tatsächlich in den zwanziger Jahren mit dem Reichsjugendwohlfahrtsgesetz (RJWG) sowie Prüfungsordnungen für Kindergärtnerinnen auch eingeführt wurden. Mit dem katholischen Seminar kam das Ende für die Ausbildungsstätte für Kindergärtnerinnen, die Emmy Kahle an ihren Kindergarten angegliedert hatte, dem aber die staatliche Anerkennung versagt blieb. Dem katholischen Seminar folgte schließlich 1919 noch ein evangelisches Kindergärtnerinnenseminar.

Nach und nach entstanden in allen Stadtteilen Betreuungseinrichtungen, meist mit einem Verein als Träger. Zu Anfang der dreißiger Jahre besuchten fast 1900 Kinder Freiburger Kindergärten, davon gingen 1650 Kinder in katholische und 230 Kinder in evangelische Einrichtungen.

Mit Entstehung des Dritten Reichs kam es ab 1933 zu tiefgreifenden Veränderungen. Am härtesten traf es die Kinderärztin und Lehrerin Dr. Emmy Bergmann. Sie hatte mit ihrem Montessori-Kinderhaus die Pädagogik von Maria Montessori bekannt gemacht, nach der seit 1929 sogar eine Volksschulklasse in Freiburg unterrichtet wurde. Im April 1933 wurde der Schulversuch vom neuen nationalsozialistischen Oberbürgermeister abgebrochen und das Montessori-Kinderhaus im NS-Blatt »Der Alemanne« öffentlich diffamiert. Wenig später musste Bergmann ihr Kinderhaus aufgeben und Freiburg verlassen. Von solchen drastischen Konsequenzen blieben die evangelischen wie auch die katholischen Kindergärten verschont. Allerdings wurden die städtischen Zuschüsse, die sich seit 1921 nach der durchschnittlichen Besucherzahl der jeweiligen Einrichtung richteten, auf einen unbedeutenden Rest zusammengestrichen. Die Stadtverwaltung war sich zwar der unverzichtbaren Notwendigkeit der konfessionellen Betreuungseinrichtungen bewusst. Die Städte wurden aber dazu angehalten, die Nationalsozialistische Volkswohlfahrt (NSV) zu unterstützen und mit ihr zusammenzuarbeiten. Der erste NSV-Kindergarten Freiburgs entstand 1937 im heutigen Stadtteil Mooswald im sogenannten Siedlungsgemeinschaftshaus. Dort befand sich auch eine NSV-Schwesternstation und ein Kinderhort. Weitere Kindergärten wurden erst nach Beginn des Zweiten Weltkriegs ins Leben gerufen, um mehr Frauen in der Kriegswirtschaft einsetzen zu können. Durch die provisorische Nutzung von Schulräumen und besonders von geschlossenen Gaststätten existierten zeitweise ein Dutzend NSV-Hilfskindergärten in Freiburg.

Aufgabe der NSV war es, die nationalsozialistische Sicht in der Wohlfahrtspflege und Fürsorge zu propagieren. Die NS-Ideologen schätzten die frühe Kindheit als eine in außerordentlichem Maße prägende Lebensphase für die menschliche Entwicklung ein. Besonderen Wert legte die nationalsozialistische Erziehungspolitik auf Gehorsam und Disziplin im Kindergarten, sollte doch jeder Junge »einmal ein deutscher Soldat«, und jedes Mädchen »eine deutsche Mutter« werden.

Ziel des NS-Staates war die Übernahme aller konfessionellen Kindergärten durch die NSV. Bei katholischen Kindergärten gelang es in Städten wie Kassel oder in Regionen wie Schlesien, diese Absicht Anfang der vierziger Jahre teilweise in die Tat umzusetzen. Mit solch einer Entwicklung hatte die katholische Kirche nicht gerechnet. Schließlich bestand seit Juli 1933 ein Konkordat zwischen dem Heiligen Stuhl und dem Deutschen Reich, in dem der Schutz

»Auch Pflanzen brauchen Pflege« – katholischer Kindergarten St. Angelus in der Albertstraße, um 1930

Basteln im Freien im katholischen Kindergärtnerinnenseminar in der Wallstraße, 1924

der karitativen Einrichtungen und Tätigkeiten festgeschrieben worden war. Nach den vorgefallenen Gewaltaktionen befürchtete man auch in Freiburg die Beschlagnahmung von katholischen Kindergärten durch den NS-Staat. Ernstliche Eingriffe, die den Kindergartenbetrieb erschwert oder gar verhindert hätten, blieben aber aus. An einer Konfrontation am Sitz des Erzbischofs hatten vermutlich

KLAUS BURGER

um 1927

St. Raffael, 1948

dergartens aussprach, musste aber damit rechnen, mit Verhaftung bedroht oder anderweitig unter Druck gesetzt zu werden. In Einzelfällen wurden katholischen Kindergärten die Betriebsgenehmigung entzogen oder die Räume mit vorgeschobenen Gründen beschlagnahmt. Gegen Ende des Zweiten Weltkriegs war in Freiburg leider der Verlust von etlichen Kindergärten zu beklagen, die Bomben zum Opfer fielen. Die Anstalt an der Wallstraße blieb jedoch glücklicherweise von größeren Schäden verschont. Nun fehlte es aber an Heizmaterial und Lebensmitteln für die Kinder, was durch »Hamsterfahrten« in die Umgebung beschafft werden musste. In den nächsten Jahrzehnten kamen in der weiter wachsenden Stadt Freiburg neue Kindergärten hinzu. Heute sind sie längst keine Nothilfeeinrichtung für die Kinder der Armen mehr, sondern die öffentliche Kleinkindererziehung ist inzwischen faktisch eine Grundstufe im Bildungssystem geworden.

weder die Stadtverwaltung noch die NSV Interesse. Allerdings sah es jenseits der Stadtgrenzen, auf dem Gebiet der Erzdiözese Freiburg, schon völlig anders aus. Hier hatte seit 1935 ein Prozess begonnen, die katholische soziale Arbeit aus dem Kindergartenbereich zu verdrängen. Der drohenden Gefahr versuchte die Kirchenleitung durch Verhaltensempfehlungen an die Pfarrer, Aktivierung der Kirchengemeinden und Beseitigung von Mängeln in den Anstalten entgegenzutreten. Starken Rückhalt hatten die katholischen Kindergärten in der Bevölkerung. Wer sich gegen Einrichtung eines NSV-Kin-

Literaturhinweise:

Burger, Klaus: »Denen von milder Gunst des Schicksals kein wohlgeordnetes Familienleben vergönnt war« – Kleinkinderbewahranstalten und Kindergärten in Freiburg 1848 - 1945. Freiburg i. Br. 1998.
Siebler, Clemens: Von der »Kleinkinder-Bewahranstalt« zu einer modernen Kindertagesstätte: Aus unserer 150-jährigen Geschichte. In: 1848-1998. Kindergarten Unserer Lieben Frau in Freiburg. Hrsg. Kindergarten Unserer Lieben Frau. Freiburg i. Br. 1998, S. 4-15.

Fasnacht

20er Jahre

1911

Haslacher Dorfbrunnen, 1933

80

St. Georgen, 1967

1998

Haus der Jugend, 1974

81

*Vor der Synagoge,
um 1910*

*»Schlusere«
im Botanischen
Garten,
1956*

1941

Schauinsland, 1988

Hölderle-Eisweiher, 1904

1910

Lindenheim (heute: Joseph-Brandel-Anlage), 1968

Öffentliche Kinderfeste vor dem Zweiten Weltkrieg[1]

Günther Klugermann

1. Einleitung

Die Freiburger verstanden es seit ehedem, rauschende Feste zu feiern. Gelegentlich fielen die Berichte darüber in der Tageszeitung recht umfangreich aus, so dass uns ein stimmungsvoller Einblick überliefert ist. Die Köstlichkeit der Reportagen bestand dann nicht nur in der Detailfreudigkeit, sondern vor allem auch in der sprachlichen Formulierung. Man kann sich des Eindrucks schlecht erwehren, als hätten die künstlerischen Darbietungen manch einen, damals offensichtlich noch begeisterungsfähigen, Journalisten dazu animiert, sich selbst auf den heiklen Pfad der Literatur zu begeben. Ein Urteil über das Ergebnis eines solchen Streifzugs mögen sich die Leser selbst bilden.

Als Beispiel diene das 25. Stiftungsfest des Freiburger Männergesangvereins im Jahr 1908. Dieses Fest erstreckte sich über drei Tage. Es wurde am Samstag mit einem Festkonzert eröffnet.[2]

Am Sonntag gab es dann den Festakt mit Chor-Beiträgen, zahlreichen Ansprachen, Geschenkübergaben, Festessen, Rede des Vereinspräsidenten, Ehrung langjähriger Mitglieder, »tiefgefühltestem Dank« an den Präsidenten seitens der aktiven Sänger sowie Leerung diverser Gläser auf diverse Wohle. Diesen Tag beschloss eine farbenfrohe, rauschende Ballnacht in der Kunst- und Festhalle. Die letzten Walzerklänge verwehten erst in den frühen Morgenstunden.

Zur Vermeidung größerer Versorgungslücken begann der Montag gleich mit dem (stark besuchten) Frühschoppen im Biergarten des Herrn Julius Feierling. Auffallend ist, dass ab diesem Zeitpunkt gewisse Phänomene auftraten und ein immer wiederkehrendes Thema sowohl Festteilnehmer als auch den Berichterstatter in seinen Bann zog.

Zunächst ein hehres Lob auf den Herbergsvater Feierling, der nicht nur den Chor von Anfang an in seinen Räumen proben ließ, sondern »keine Gelegenheit vorübergehen (ließ), um seiner Sympathie für den Verein Ausdruck zu geben. Es sei nur an jene freundliche Spende von hundert Flaschen Bier erinnert, die Feierling den durstigen Sängern bei der letzten Schweizerreise in Saint-Maurice überreichen ließ. Der kühle Trunk wurde damals mit Jubel aufgenommen, und heute noch spricht man in Sängerkreisen von der sinnigen Ueberraschung.«

Als der Zeitungsschreiber verkündete: »Allmählich verlor sich einer nach dem anderen (...)«, durchzuckte den Leser die Mutmaßung, die Sangesbrüder hätten nun doch aufgegeben. Weit gefehlt! Sie sammelten sich vielmehr erneut – zum letzten Höhepunkt des Festes, dem Familienausflug per Bahn nach der Ruine Hochburg. »Gegen 3 Uhr setzte sich der Sonderzug langsam in Bewegung: Die Lokomotive hatte weit über 800 Personen zu ziehen. Als sie in Kollmarsreuthe ausgestiegen waren, wollte man sich zu einem Zuge vereinigen. Das ging aber nicht, weil sich einige Dutzend verliefen (...). Als die ersten oben ankamen, zogen die letzten erst durch die grüne Pforte des Hornwaldes.« Die Konzentration auf die theatralischen Darbietungen auf der Hochburg wurde immer wieder in eine bestimmte Richtung abgelenkt. »(...) der bärbeißige Anführer wohlbeleibter Knechte trank eins aus mächtigem Holzhumpen. Manch einer sah den Mann mit scheelen Augen trinken, dachte an seinen eigenen Durst und an die Gelegenheit, ihn stillen zu können. (...) Was zwischen den einzelnen Akten lag, bestand im Bier- und Schinkenbrotsuchen. (...) Es gab oft heiße Kämpfe um so ein Töpfchen Bier.«

Nachklang: Dass zu einem Familienausflug eigentlich auch Frauen und Kinder gehören, wird gerade mal kurz nebenbei bemerkt – und, dass es für die Kinder ein »lustig Ringelringelreihen« gab.[13]

Im allgemeinen zeichnete sich die Festkultur zu Beginn des 20. Jahrhunderts durch folgende Merkmale aus:

Aufmarsch (Umzug), Musik (Chor; Kapelle), Flaggen- und Naturschmuck, Reden, Hoch- und Hurra-Rufe, Essen, Trinken und Tanz waren immer wiederkehrende Elemente. Mehrtägige Veranstaltungen beinhalteten auch einen Familienausflug in die nähere Umgebung, manchmal mit Begleitprogramm. Bei speziellen Anlässen kamen weitere Elemente hinzu. Beispielsweise wurde die Feier zum 51. Geburtstag von Großherzog Friedrich II. (1857-1928) zusätzlich mit Glockengeläute, Böllerschüssen und Truppenparade begangen.[4] Alle größeren Feierlichkeiten waren inhaltlich durchweg militärisch-patriotisch geprägt.

Bei besagter großherzoglicher Geburtstagsfeier wirkten auch Kinder mit, genauer Schüler der neuen Oberrealschule: Sie boten auf der Zähringer Burg Chorgesang, Gedichtvorträge und eine Freiluftaufführung.[5] Sie waren demnach aktiv Beteiligte und nicht Nutznießer.

Um den Umfang der anschließenden Abhandlung nicht völlig ausufern zu lassen, empfehlen sich gewisse Einschränkungen. Außerdem scheint es mir aus Gründen besseren Verständnisses geboten, begriffliche Erläuterungen vorauszuschicken.

Es wurden nur solche Kinderfeste berücksichtigt, die innerhalb des Stadtgebiets von Freiburg stattfanden, und zwar auf offenem Areal, also keine in geschlossenen Räumen. Als Zeitrahmen gelten die

Jahre zwischen 1900 und 1932, bis zur nationalsozialistischen Machtergreifung.

Unter dem Begriff »Öffentlichkeit« ist der Allgemeinheit zugängliches Territorium gegenüber privatem Gelände zu verstehen, wobei die Bedingung »keine oder minimale Zugangsbeschränkung« gegenüber einer Sonderberechtigung erfüllt sein sollte.

Die zunehmende Inanspruchnahme öffentlicher Straßen und Wege durch motorisierte Fahrzeuge wurde von Klagen und Beschwerden begleitet. Gleichzeitig vernichtete die Bebauungsverdichtung in der Stadt Gärten und andere Räume, wo sich Kinder ungefährdet im Freien aufhalten konnten.

In Folge dieser Situation wurde Handlungsbedarf erkannt. Doch zunächst ging keinerlei Engagement von Seiten der Stadtverwaltung aus. Es waren die Lokalvereine, ehrenamtlich besetzte Zusammenschlüsse von Stadtteilbewohnern, die sich für die Belange ihres jeweiligen Bezirks einsetzten. Sie waren es auch, die sich über das Wohlergehen der Kinder Gedanken machten, und zwar über das Wohlergehen aller Kinder, unabhängig von sozialer Schicht oder sonstigen Zugehörigkeiten. Die erste, aktenkundig gewordene, Eingabe an die Stadt wegen eines öffentlichen Kinderspielplatzes, war diejenige des Lokalvereins Herdern im Mai 1901 – leider erfolglos. Doch der Stein kam ins Rollen. Im Juli 1906 trat der Lokalverein Stühlinger an den Stadtrat heran und bat um Errichtung eines Spielplatzes. Im Februar 1907 folgte der Lokalverein Nordstadt mit einer ähnlichen Forderung. Die Stadt wurde aktiv. Doch das Verfahren zog sich hin. Während die Nordstadt schließlich nach 16 Monaten das Ziel erreichte, dauerte es im Stühlinger volle zwei Jahre.

2. Die ersten Kinderfeste

Nach monatelangen Verhandlungen und zähem Ringen mit verschiedenen Instanzen konnten im Jahr 1908 gleich zwei große Kinderspielplätze eröffnet werden. Grund genug, um diese Ereignisse mit entsprechendem Aufwand zu feiern. Damit wurde zugleich der Grundstein für eine Kultur der öffentlichen Kinderfeste in der Stadt Freiburg gelegt.

Wir wissen bereits, dass in Freiburg zu verschiedensten Anlässen kräftig gefeiert wurde und wie diese Ereignisse zelebriert wurden. Wie war das jedoch bei den Kinderfesten?

Anhand von sechs Fragestellungen sollen im folgenden eine Reihe von Kinderfesten beschrieben und somit Vergleiche ermöglicht werden:

· Wer waren die Veranstalter des Festes?
· Aus welchem Grund wurde das Fest veranstaltet, also was war die Motivation? Wurde eine bestimmte Absicht verfolgt?
· Wie wurde das Fest bekannt gemacht?
· Was wurde als Anreiz zur Teilnahme aufgeboten?
· Wie lief das Fest ab, welchen Inhalt hatte es?
· Welche Resonanz wurde vermeldet?

Je nach Informationslage kann mehr oder weniger zu den einzelnen Kriterien gesagt werden. Insbesondere sollen die Unterschiede zwischen den einzelnen Festen offengelegt werden.

Kinderfest zur Eröffnung des Spielplatzes an der Bismarckstraße

Das erste Kinderfest im öffentlichen Raum fand auf dem Spielplatz an der Bismarckstraße (heute: Stefan-Meier-Straße) am 28. Juni 1908 statt. Veranstalter war der Lokalverein Nordstadt, der die Eröffnung des Kinderspielplatzes feiern und dabei die neue Möglichkeit des gefahrlosen Spielens im Stadtteil bekannt machen wollte.

Zur Bekanntmachung bediente sich der Lokalverein der Presse. Am 22. Juni 1908 veröffentlichte die »Freiburger Zeitung« einen ausführlichen Artikel, in dem der Lokalverein sein Engagement für die Schaffung des Platzes (analog zur kurzen Situationsschilderung im vorhergehenden Abschnitt) begründete und über dessen Lage, die geleisteten Arbeiten, die beteiligten handwerklichen Berufsgruppen, die landschaftliche Gestaltung, die Ausstattung mit Spielgeräten und die Finanzierung (Stadt Freiburg, eigene Mittel des Lokalvereins, Geldsammlung) informierte. Zur Beruhigung der Eltern wurde auf die Anwesenheit einer Platzaufsicht hingewiesen. Der Platz sollte allen Kindern des Stadtteils zur Verfügung stehen, unabhängig davon, ob ihre Eltern Mitglied im Lokalverein waren oder nicht.

In einem Bericht an den Stadtrat etwa drei Wochen später wurde erwähnt, dass Kinder »aus allen Teilen der Stadt (selbst aus Haslach)«[7] zu den Besuchern zählten. Es handelte sich also zweifellos um einen öffentlichen Spielplatz ohne Einschränkung der Nutzungsberechtigung.

Kinder waren und sind in der Regel ohne besonderen Aufwand leicht für die Teilnahme an einem eigens für sie ausgerichteten Fest zu begeistern. In diesem Fall wurde noch ein zusätzlicher Anreiz in Form einer »Erinnerungsmedaille mit Schleifchen« geschaffen. Diese Medaille diente zugleich als »Ausweis für die Berechtigung zur Teilnahme«, die laut Zeitungsbericht allerdings nur Kindern von Lokalvereinsmitgliedern und Spendern gestattet war. Die Ausgabe erfolgte erst nach Einzeichnung durch den Kaufmann Gehry in der Merianstraße. Ob diese

Beschränkung streng gehandhabt wurde, ist nicht bekannt. Doch allein von der geäußerten Absicht her müssen wir demnach – was das Fest angeht – eher von einer privaten Veranstaltung mit bestenfalls halb-öffentlichem Charakter ausgehen.

Über den Ablauf des Festes sind lediglich ein paar Anmerkungen in einer kurzen Zeitungsnotiz, zwei Tage danach, überliefert. Ein Kinderumzug vom Fahnenbergplatz zum Spielplatz unter Beteiligung zahlreicher kleiner und großer Leute bildete den Auftakt. Das Fest selbst wurde als »klein« beschrieben. Nähere Einzelheiten blieben unerwähnt.[8] Die Resonanz muss demnach als gering bezeichnet werden – im Gegensatz zur positiven Annahme des Spielplatzes in der Folgezeit.

Kinderfest zur Eröffnung des Stühlinger Spielplatzes in der Wannerstraße

Das zweite Kinderfest folgte bereits eine Woche später am 5. Juli 1908 auf dem Spielplatz an der verlängerten Wannerstraße im Stühlinger. Veranstalter war der Lokalverein Stühlinger, der die Einweihung des Kinderspielplatzes feiern und dieses mit dem bevorstehenden Geburtstag von Großherzog Friedrich II. und überhaupt diesem zu Ehren verknüpfen wollte.

Hatte sich noch eine Woche zuvor der Lokalverein Nordstadt allein dem Wohlergehen der Kinder verpflichtet gefühlt, so stellte der Eröffnungsredner des Lokalvereins Stühlinger einen allgemeinpolitischen Bezug her und lenkte damit erstmals auf einen Argumentationsstrang, der in späteren Jahren immer wieder und besonders stark gegen Ende des Ersten Weltkriegs bemüht wurde. Der Redner führte aus, dass »der gesteigerte wirtschaftliche Kampf dazu dränge, nicht nur den Geist auszubilden, sondern auch den Körper zu stählen, und daß im Hinblick auf die Erhaltung der Wehrkraft des deutschen Volkes sowohl wie der wirtschaftlichen Machtstellung desselben gerade der Jugend Gelegenheit gegeben werden müsse, sich im Freien in staubfreier Luft zu tummeln.«[9]

Auch dieses Fest wurde durch einen Artikel in der »Freiburger Zeitung« vom 1. Juli 1908 angekündigt. Dabei legte man Wert auf folgenden Hinweis: »Zu bemerken dürfte nicht überflüssig sein, daß nicht nur Angehörige des Lokalvereins, sondern der ganze Stadtteil Stühlinger zur Teilnahme berechtigt ist«.[10] Zweifellos konnten darüber hinaus Kinder aus allen Stadtteilen teilnehmen. Somit war eindeutig der Charakter eines öffentlichen Kinderfestes gegeben. Schulklassen bereiteten Festbeiträge vor. Den Siegern von Kinderwettbewerben winkten Preise. Der Ablauf des Festes wurde recht ausführlich sowohl in der Vorankündigung als auch im Nachbericht dargestellt. »Von 3 Uhr ab begann der Aufmarsch der Kleinen. Als um 4 Uhr vom Hause Marchstraße 7 aus unter Vorantritt zweier schneidiger kleiner Tamboure und einer tadellosen Musikkapelle der Zug seinen Anfang nahm, mögen weit über 1200 Mädchen und Knaben des Stadtteils Stühlinger aufgestellt gewesen sein, begleitet von einem zahlreichen ›größeren‹ Publikum. Geführt von als Ordner tätigen Herren des Lokalvereins, mit Tannenzweigen und Feldblumensträußen in der Hand, zogen die Kinder durch die teilweise reich beflaggten Hugstetter-, Kreuz-, Lehen-, Eschholz-, Egon-, Klara-, Stühlinger- und wieder Eschholzstraße auf den neuen Spielplatz. Hier aber drohte Unheil, denn plötzlich öffnete Jupiter Pluvius[11] kräftig seine

Schleußen, und alles ›rennet, rettet, flüchtet‹[12]. Glücklicher Weise besann sich der Wettergott schnell eines Besseren und gar bald lachte wieder heller Sonnenschein. So konnte denn nach einiger Verzögerung die Brezelverteilung vor sich gehen.«[13] Es folgten Liedbeiträge der Schüler, eine Ansprache des Lokalvereins mit Hinweis auf den »demnächstigen« Geburtstag des Landesherrn und der bereits erwähnten »Wehrkraftsteigerungsabsichtserklärung« sowie Dank an die Stadtverwaltung für ihr Entgegenkommen. Der Redner meinte auch, dass »die herrliche Lage des Spielplatzes (...) mit dem Blick auf den Kranz der Schwarzwaldberge so sehr geeignet sei, in unseren Kleinen die Liebe zur Heimat wachzuerhalten.«[14] Neben Einlagen des Sängerbunds Stühlinger und weiteren Schülerbeiträgen wurden verschiedene Kinderspiele angeboten, namentlich genannt jedoch nur »Ringelreihen« und »Wurstschnappen«.

Der verhältnismäßig ausführliche Zeitungsbericht lässt darauf schließen, dass der Festlichkeit einige Beachtung geschenkt wurde – sicher nicht zuletzt wegen der Öffnung für die Allgemeinheit.

3. Die großen Kinderfeste

1912 war es endlich gelungen, das elfte Kreisturnfest nach Freiburg zu holen. Als optimaler Veranstaltungsort, gleich in mehrfacher Hinsicht, kam nach einhelliger Meinung nur der heutige alte Messplatz in Frage, zumal auf diesem bereits mehrere Sportvereine (beispielsweise der FFC) entsprechend gepflegte und ausgestaltete Trainings- und Spielstätten geschaffen hatten. Vor allem aber die einmalige Atmosphäre aufgrund der Lage zwischen den nahe stehenden Bergen am Ausgang des Dreisamtals

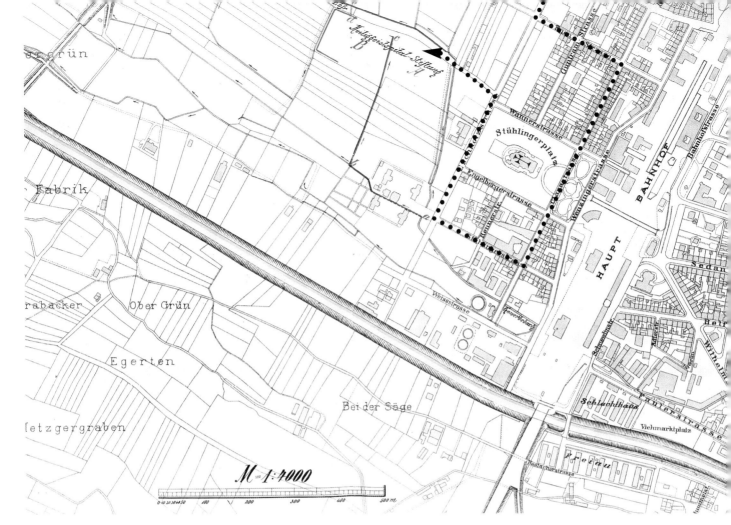

begeisterte die Veranstalter. So konnten dort vom 3. bis 5. August 1912 etwa 10 000 Athleten unterschiedlichster Disziplinen die massenhaft herbeige-strömten Sportbegeisterten in würdigem Rahmen unterhalten.

Es sollte ein rundum bombastisches Fest werden. Dazu angetan war die Ausschmückung der Stadt ebenso wie die 120 bengalischen Feuer, die den Süd-hang des Schloßbergs zwischen Kanonenplatz und Hirzberg nächtens effektvoll illuminierten. Eine Anzahl größerer Schau- und Verkaufsbuden war »zur Hebung der Volksbelustigung und Beschaffung von Einnahmequellen«[15] gedacht. Kleinere Ver-kaufsstände säumten die Schwarzwaldstraße und die Schützenallee.

Erst eine Woche vor Beginn des Turnfestes präsen-tierte der veranstaltende »Verkehrs-Verein für Frei-burg im Breisgau und den Schwarzwald« dem Stadt-

Verlauf des Umzugs im Stühlinger zum Kinderfest am 5. Juli 1908

rat die Absicht eines krönenden Abschlusses der Festlichkeiten in Form eines »allgemeinen Kinder- und Volksfestes«.[16]

Erstes großes, allgemeines Kinder- und Volksfest

Das erste große, allgemeine Kinder- und Volksfest fand am 6. August 1912 auf dem Platz an der Schwarzwaldstraße statt. Veranstalter waren der »Verkehrs-Verein für Freiburg im Breisgau und den Schwarzwald« sowie die Lokalvereine Herdern, Oberstadt, Nordstadt, Stühlinger, Wiehre und Oberwiehre »unter gütiger Mitwirkung der Herren K. Koch und E. Burkart«[17].

Stadtarchitekt Stammnitz sei »Vater dieses Gedankens«, für ein solches Fest gewesen[18], das der Ausschmückung und gleichzeitig dem Ausklang des Turnfestes dienen sollte.[19] Der Zeitung konnte man entnehmen, dass ein solches Fest »schon längst gewünscht und erhofft, jedoch nie verwirklicht« worden war.[20] In anderen Städten wie Heidelberg (ca. 50 000 Einwohner), Rastatt (ca. 15 000 Einwohner) und Baden-Baden (ca. 16 000 Einwohner) würden solche Feste schon seit Jahren mit Erfolg laufen – Freiburg hatte zu diesem Zeitpunkt etwa 80 000 Einwohner.

Die Vorbereitungen liefen über die Lokalvereine in den einzelnen Stadtteilen und über die Lehrer in den Schulen. Die Bekanntmachung erfolgte in der »Freiburger Zeitung« vom 1. August 1912, im »Freiburger Tagblatt« vom gleichen Tag wurde eine Anzeige veröffentlicht. Vermutlich hingen auch Plakate in der Stadt. Ein Programmheft, für 10 Pfennige verkauft, machte Lust auf die angekündigten Attraktionen. Eingeladen waren ausdrücklich auch Oberbürger-

Großes, Allgemeines Kinder= und Volksfest

Dienstag, den 6. August 1912, auf dem Gelände des
XI. Kreisturnfestes
veranstaltet vom Verkehrs=Verein und den
Lokalvereinen Freiburgs

Beginn des **Kinderfestes** 3 Uhr
Beginn des **Volksfestes** 7 Uhr

Eintritt für Erwachsene 10 Pfg., für alle Kinder frei.
Tribünenplätze pro Person 10 Pfg.
Oberleitung rotweiße Armbinde
Ordnungspersonen rotweiße Schleifchen.

Den Anordnungen der durch obige Zeichen kenntlich gemachten Damen und Herren, ist unbedingt Folge zu leisten, widrigenfalls Ausschluß vom Festplatz erfolgt.

Das Komitee.

Preis 10 Pfennig.

meister Winterer und der Stadtrat.[21] Stadtrat Glockner ersuchte man namentlich, der Veranstaltung »gefl. anwohnen zu wollen.«[22] Die Stadt wurde finanziell in die Pflicht genommen. Sie sollte neben der kostenlosen Überlassung des Platzes auch die Kosten für die elektrische Versorgung (44 Mark) übernehmen.

Wie im Programmheft vermerkt, begann das Fest mit einem feierlichen Anmarsch. Viele Kinder waren in weiß bzw. als Bauernmaidli oder -buben gekleidet; die meisten trugen bunte Fähnchen in der Hand. Auf dem Festplatz fand eine Fahnenpolonaise mit einem vier Meter großen Paar, einem Engländer und einer Japanerin, statt. Für die Kinder waren (Wett-)Spiele organisiert, z.B. Wettklettern auf Kletterbäume, Eselreiten, Sacklaufen oder Wurstschnappen. Für Entspannung sorgten ein Kasperletheater und Karussells, für leichten Nervenkitzel das »Teufelsrad«.[23] Ein japanisches Tagesfeuerwerk mit Luftballons und farbigen Rauchwolken beendete das Kinderfest.[24]

Aufgrund des überraschend starken Besuchs (beim Kinderfest waren schätzungsweise 6 000 bis 8 000 Kinder und zusätzlich noch etwa 4 000 Erwachsene) wurde von einem gelungenen Versuch gesprochen.[25]

Zweites Freiburger Kinder- und Volksfest

Auch das zweite Freiburger Kinder- und Volksfest fand auf dem Platz an der Schwarzwaldstraße statt – am 27. Juli das Volksfest und am 28. Juli 1913 das Kinderfest. Veranstalter waren wieder der »Verkehrs-Verein für Freiburg im Breisgau und den Schwarzwald« sowie die Lokalvereine Herdern, Oberstadt, Unterstadt, Stühlinger, Wiehre und Oberwiehre. Ein Festausschuss mit Vertretern der Lokalvereine unter Vorsitz des Seifenfabrikanten Karl Koch wurde gebildet. Man wollte an den wohl auch kommerziellen Erfolg des letztjährigen Festes anknüpfen.

Ein Herr Privat Moritz vom Lokalverein Herdern regte an, das Fest »auf den Boden einer vaterländischen Erinnerung der Jahrhundertfeier zu stellen«, was die Festleitung zurückwies, weil »die Anregung

zu spät komme«.[26] Die Bezeichnung »Jahrhundertfeier« wurde vom Festkomitee »mit Rücksicht auf die Beteiligung durch Angehörige aller Parteien« abgelehnt.[27]

Im »Freiburger Tagblatt« vom 27. Juni 1913 erschien ein Aufruf zur Teilnahme. Vermutlich warben Plakate in der Stadt, und es gab auch wieder ein Programmheft für 10 Pfennige.

Im Vorfeld wurden diesmal ganz besonders die Kinder angesprochen. In der Zeitung erschien ein »Brief an die Kinder von ganz Freiburg« von »Onkel Ludwig«, der hier vollständig wiedergegeben werden soll:

»Liebe Kinder! Jubelt und freut Euch! Es gibt ein Fest, ein eigenes Kinderfest für Euch! Die Herderner, die Wiehrener, die Stühlinger, die Altstädter – alle kommen dazu. Ihr trefft Euch am Montag, den 28. Juli, nachmittags auf dem Karlsplatz. Das wird ein Leben werden, wenn Ihr aus allen Stadtteilen einzieht. Jedes bekommt ein Fähnle und dann gehts los zu einem richtigen Festzug. Voran mehrere Reiter in Rittertracht und dann kommt ihr mit der Musik. Aber Ihr sollt auch etwas machen im Festzug, damit alle Leute Freude an Euch haben. Laßt Euch einmal sagen, was in einen solchen Kinderfestzug alles hineinpaßt: Die Jugendwehr in ihrer Uniform natürlich, dann kleine Soldaten oder Rekruten in Uniform und mächtigem Schnauzbart, liebliche Mädchen in weißen Kleidchen, die Blumengruppen bilden wie Goldregen, Rosen, Kornblumen, Margrethen etc., dann aber Gärtnermädchen, Schnitterinnen, Wäscherinnen, Strickschule, Hänsel und Gretel, Bauernmädchen. Und die Buben erst, was können die alles machen: Räuber und Gendarm, Korbflechter, Mausfallenhänd-

Montag, den 28. Juli 1913

☙ Kinderfest ❧

Vortragsfolge:

Spielleiter: Herr Burkart.

3.30 Uhr	Schülerchor der Lessing= u. Turnseeschule	Herr Hauptlehrer Reuther.
	Schülerchor der beiden Schulen im Stühlinger	Herr Oberlehrer Martin.
	nachdem: **Wettklettern an 12 Kletterbäumen.**	
4.00 „	Turnreigen der 8. Klasse der Mädchenschule im Stühlinger	Herr Hauptlehrer Elsäßer.
4.30 „	Freiübungen der 8. Klasse der Lessingschule	Herr Hauptlehrer Reuther.
5.00 „	Flaggenreigen	Herr Hauptlehrer Allgeier.
5.30 „	Rollschuhwettläufe	Spielleiter: Herr Giebeler.
6.00 „	Holzschuhreigen der Wäscherinnen	Frau Malermstr. Vogt.
6.30 „	Sacklaufen	Spielleiter: Herr Wiloth.
7.00 „	Pferdewettrennen mit Hindernissen	„ „ Wilms.
	Brezelparade	Herr Lehrer Meier.

— Preise bestehen in schönen Albums mit Reklamemarken. —

Sämtliche Reigen und Spiele finden auf dem 400 qm großen Tanzboden statt.

zwischen **4 u. 6 Uhr:**

❀ Japanisches Tages=Feuerwerk ❀

von **7.00 Uhr** ab: **Beginn des Tanzes** » (jedes Paar pro Tanz **10 Pfg.**)

v. **9.30—10.30:** Kinematograph. Aufführungen (Weltkinematograph).

später: ❀ ❀ ❀ **Großes Brillant-Feuerwerk** ❀ ❀ ❀

(zusammengestellt und vorgeführt von Herrn Koch).

❀ Wirtschaftsbetrieb bis nachts 1 Uhr.

ler, Schürepürzler[28], Heuernte, Schuster, Steinmetzen, die kleinsten Metzger von Freiburg, die braven Bäckerbuben in ihrer Backstube. Sagt Euren Eltern, sie sollen sich nur in Eurem Lokalverein oder beim Verkehrsverein erkundigen. Vielleicht dürft Ihr Wagen fahren in einer Gruppe, oder auch in einem blumengeschmückten Auto als Rotkäppchen, Prinz und Prinzessin oder gar als Königskinder aus Eurem Märchenbuch! Ach, wie viele reizende, köstliche, ansprechende Bilder gibt es, die liebliche Kinder darstellen können; lernt nur brav, damit Ihr ein gutes Zeugnis in der Schule bekommt, dann werden Eure lieben Eltern noch viel Schöneres für Eure Mitwirkung beim Kinder-Festzug ausdenken, wie es der Onkel, der dies schreibt, vermag! Wenn wir dann auf dem Festplatz am Waldsee ankommen, werden die schönen Gruppen und die Kinder, die sich während des Zuges besonders brav gezeigt haben, beschenkt werden. Ja, und dann kommt Euer Fest! Vier Kasperletheater auf der Festwiese sind nicht zu viel, wenn Ihr hört, daß im letzten Jahre für zehntausend Kinder Karten auf dem Platz gelöst wurden! Zehn oder zwölf Kletterbäume mit schönen Gewinnen laden zum fröhlichen Klettern ein. Von 4 bis 5 Uhr dürft Ihr Sacklaufen, von $1/2$5-5 Uhr seht Ihr die Kinder aus der Stadt, die ihre Rollschuhe mitgebracht haben, und da auf schöner Bahn zeigen, was sie können. Und Störche und Elefanten und Kamele seht Ihr und dann kommen von 5 bis 6 Uhr Mädchen- und Bubenreigen, und endlich von 6-7 Uhr gar ein Pferdewettrennen mit Hindernissen. Das wird ein Lachen und ein Jubeln geben! Und wenn Ihr Euch jetzt zum Heimgehen anschickt, dann wird der Himmel in leuchtendem japanischem Feuerwerk erstrahlen und wenn Ihr Glück habt, werden sogar Papierluftschiffe Euch begleiten bis in die Stadt und zu Eurer Wohnung. – Jetzt liebe Kinder, habe ich Euch vorerst mal genug erzählt von dem kommenden Freiburger Kinderfest: Freut Euch recht tüchtig darauf! Ihr könnt es nicht mehr tun, wie der Kinderfreund, der Euch diese Zeilen schreibt, der lachende Kinderstimmen und fröhliche Kindergeschichten über alles liebt. Es ist Euer treuer Onkel Ludwig.«[29]

Auch dieses Fest begann mit einem Aufmarsch – in der »Festzugs-Ordnung« des Programmheftes genau festgelegt. Er war in sieben Abteilungen (eine allgemeine sowie je eine für die Lokalvereine Unterwiehre, Unterstadt, Oberstadt, Oberwiehre, Stühlinger und Herdern) gegliedert. Jede dieser Abteilungen bot (natürlich in vorgeschriebener Reihenfolge) neben einer Musikkapelle Kostümierungen und Darstellungen zu unterschiedlichen Themengruppen. Der inhaltliche Ablauf gestaltete sich, wie es die »Vortragsfolge« im Programmheft vorsah.

Im Vorfeld hatten sich wohl kritische Stimmen gemeldet, die jedoch angesichts des überwältigenden Erfolgs, was die Ausstattung sowie Teilnahme und Zuspruch seitens der Bevölkerung anbetrafen, im Nachhinein nicht mehr laut wurden.

Das »Freiburger Tagblatt« drückte das so aus: »Der Kinderfestzug vereinigte am Nachmittag die Kinder aus allen Stadtteilen und bot ein Schauspiel, wie man es in Freiburg wohl noch nie gesehen. Hier zeigte es sich so recht, was Opferwilligkeit, Fleiß und Kinderliebe zu erreichen vermögen. Da mußte angesichts dieses Zauberbildes jede Kritik, die sich in den letzten Tagen hin und wieder gegen das Kinderfest erhob, verstummen. (...) Von allen Seiten zollte man dem Dargebotenen höchste Anerkennung und Bewunderung und sah sich in den Erwartungen weit übertroffen.«[30]

Neben der wiederum kostenlosen Überlassung des Platzes übernahm die Stadt Freiburg zudem die Kosten für die Erstellung von zehn Abortanlagen, sechs Bogenlampen nebst elektrischem Anschluss für den Kinematographen, den Anschluss der Wasserleitung für die Wirtschaften, die Überlassung von zehn bis zwölf Kletterbäumen durch das städtische Forstamt, die Gestellung von zwei Messbuden, die Erlaubniserteilung zur Besorgung von Schaubuden, Karussells etc. durch den Marktinspektor, das Errichten einiger Masten mit Flaggen um den Festplatz und vier Wagen Tannenreisig zur Ausschmückung des Festplatzes.[31]

An Kosten wurden dem Stadtrat in Rechnung gestellt vom Forstamt 304,03 Mark, vom städtischen Wasserwerk 24,24 Mark, vom städtischen Marktamt 118 Mark, vom städtischen Hochbauamt 593,30 Mark, vom städtischen Elektrizitätswerk 323,40 Mark, vom städtischen Tiefbauamt 33 Mark, also zusammen rund 1 400 Mark.[32]

Der Ausschuss für das Kinder- und Volksfest übergab dem Stadtrat als Geschenk einen Betrag von 400 Mark, je zur Hälfte für den Verein für Ferienkolonien und für die städtische Armenverwaltung, Abteilung Kinder-Solbad und Ferien-Kolonie.[33]

Eine am 28. August 1913 aufgestellte Abrechnung des Festes wies Einnahmen von 12 367 Mark gegenüber Ausgaben von 9 897 Mark aus. Den Überschuss von 2 470 Mark wollten die Veranstalter als Rücklage verwenden.

Drittes Freiburger Kinder- und Volksfest

Vom 4. bis 6. Juli 1914 fand, wieder auf dem Platz an der Schwarzwaldstraße, das dritte Kinderfest statt. Die Veranstalter hofften nach dem großen kommerziellen Erfolg des letztjährigen Festes auf eine glückliche Wiederholung. Dem Stadtrat wurde in einem Schreiben von einer »Vereinigung für Kinder- und Volksfest« vom 26. März 1914 mitgeteilt, »dass die alljährliche Wiederkehr des Festes im wirtschaftlichen Interesse der Stadt liegt. Die Lokalvereine Herdern, Oberstadt, Oberwiehre, Stühlinger, Unterstadt u. Wiehre haben deshalb im Verein mit dem Verkehrsverein beschlossen, dieses Fest zu einer ständigen Einrichtung zu erheben u. zur steten, gesichert vollendeten Durchführung desselben sich unter dem Namen Vereinigung für Kinder- und Volksfest Freiburg zusammen gethan.«[34]

Im Vorfeld gab es jedoch einige Schwierigkeiten mit dem Stadtrat. So hatte dieser Bedenken gegen eine ständige Einrichtung auf dem (heutigen) alten Messplatz, da das Gelände an Sportvereine verpachtet sei und durch die Feste stark in Mitleidenschaft gezogen würde. Außerdem sei aus gesundheitlichen Gründen eine zeitliche Verlagerung ins Frühjahr oder Spätjahr angezeigt.

Der Stadtrat votierte zunächst auch gegen die Erweiterung des Festes auf drei Tage, gab aber aufgrund von Sachzwängen (alle Vorbereitungen waren schon getroffen und die Verträge mit den Budenbesitzern bereits abgeschlossen) doch die Erlaubnis.[35]

Das positive finanzielle Ergebnis des letzten Jahres veranlasste wohl den Stadtrat dazu, außer der kostenlosen Überlassung des Platzes, alle anderen Kosten den Veranstaltern aufzubürden. Diese argumentierten mit den höheren Einnahmen der Straßenbahn an diesen Tagen, die der Stadtkasse zuflössen und bemerkten verärgert: »Die Vereinigung als solche, hat kein Interesse, dieses Fest zu feiern, sondern tat es, um den Kindern, der Bevölkerung und der Geschäftswelt einen Dienst zu erweisen. Leider müssen wir einsehen, dass wir damit scheinbar aber das Gegenteil, wenigstens von städtischer Seite aus, erreicht haben.«[36]

Das Eröffnungsprogramm[37] vom 4. Juli vermittelte bereits mit seinem Militärkonzert, vor allem mit dem so genannten vaterländischen Tongemälde, einen Eindruck von der Stimmung am Vorabend des Ersten Weltkriegs.[38]

Allein im »Freiburger Tagblatt« fanden sich vor Beginn der Veranstaltung drei Berichte und zwei Anzeigen mit Programmvorschau.[39] Insgesamt wurde ein hoher Reklameaufwand betrieben. Neben Altbewährtem erschien wie im letzten Jahr ein Brief von »Onkel Ludwig« an alle Freiburger Kinder, abgedruckt im »Freiburger Tagblatt« vom 5. Juni 1914. Wegen seines bemerkenswerten pädagogischen Gehalts soll auch diesmal eine wörtliche Wiedergabe erfolgen:

»Denkt Ihr noch an das schöne Kinderfest vom vergangenen Jahre? O, wie war das herrlich! Eure Eltern, eure Lehrer und viele gute Kinderfreunde haben sich damals so recht von Herzen mit euch gefreut und sich gesagt, die Freude machen wir den Kindern im nächsten Jahr wieder. Nur machen wir's noch besser und geben der Liesel und dem Fritz und dem Felix und der Gertrud, gleich, wenn sie auf der Festwiese ankommen, ein tüchtiges Butterbrot. Richtig, so kommt's jetzt! Freuet euch und lernet und seid brav, am Montag den 6. Juli habt ihr wieder euren Kinderfestzug. (...) Ich verrate heute noch

94

nicht alles, aber eines sage ich euch schon, es gibt einen Kinderfestzug, in dem ihr die ganzen lustigen Geschichten vom Struwelpeter dargestellt seht. Fünfzehn feine Wagen, bei deren Anschauen selbst Großmutter und Großvater helle Freude haben sollen! (...) Nun, meine lieben Kinder, habe ich euch die Hauptsache schon verraten, werft alle bösen Bücher weg – ich hoffe zwar, daß ihr keine habt – und holt das liebe, alte, schöne Struwelpeterbuch wieder hervor. Leset, lernet und schaut. Es würde mich freuen, wenn ich nächstens an eurem Hause vorbeikomme und einen oder mehrere lesen oder erzählen hören würde vom bösen Friedrich und dem Herrn Doktor, der ihm bittere Arznei gibt. Oder vom Paulinchen, oder von: ›Konrad sprach die Frau Mama, ich geh aus und du bleibst da‹, oder vom Suppen-Kaspar oder vom Zappel-Philipp: der gaukelt und schaukelt, der trappelt und zappelt... Dies wird alles im Kinderfestzug richtig dargestellt! Gelt das wird nett? Freuet euch einstweilen, bald werdet ihr noch mehr hören von eurem euch immer liebenden Onkel Ludwig.«

Sowohl der Festzug als auch das Treiben auf dem Platz hatten etwa den gleichen Umfang und Inhalt wie im Vorjahr. Allerdings beherrschte das »Struwelpeter«-Thema den Festzug.

Wegen ungünstiger Witterung und dadurch geringerer Teilnahme und auch wegen der Verpflichtung zur Übernahme von Kosten, welche die Stadt im Jahr zuvor noch getragen hatte, fiel der Überschuss 1914 wesentlich geringer aus, behaupteten jedenfalls die Veranstalter. Ein Rest von 400 Mark wurde dem Roten Kreuz und der Kriegsfürsorge überlassen.[40] Die positiv gesinnte Presse konnte jedoch keinen wesentlichen Einbruch der Teilnehmerzahl aus-

machen. Sie drückte auch ein – allerdings etwas verhalten anmutendes – Lob aus: »Alle leitenden Faktoren boten ihr Bestes auf, um es schön und volkstümlich zu gestalten. Es ist ihnen dies auch gelungen, und dafür gebührt den Betreffenden allgemeiner Dank!«[41]

In den Akten des Stadtarchivs findet sich aber auch eine kritische Stimme. Sie äußerte sich im »Dreschflegel, der kritisch-satyrischen Wochenschrift des Breisgaus«: »Es macht bei dem Unbefangenen der Eindruck sich geltend, als ob das Kinderfest nur der Deckmantel sein sollte, für das sog. ›Volksfest‹, über welches Freiburg's Presse ein Meer von Druckerschwärze vergossen hat – natürlich alles in übertriebener Lobhudelei, wie man es bei all derartigen Festivitäten gewohnt ist. (...)

Volksfeste lassen sich nicht machen (...)! Solche Feste (...) kommen aus dem tiefsten Innern des Volkes (...). Was ist nun das sog. ›Volksfest‹ in Freiburg (...) gewesen! Ein Jahrmarkt – die Wiederholung der so verlästerten Messe in größerem und vergröberten Stil! (...) Das ganze schön sauber eingehagt, mit Leinen umsponnen, daß kein neugieriges Auge, dem nicht 20 Pfg. Eintritt zur Verfügung stehen, sähe, was der Festausschuß dem bereitet hat, welcher zahlen kann. (...)

Wer ist das ›Volk‹, das sich an derartigen Späßen amüsiert (...)? Es ist nur der Teil des ›Volkes‹, der Geld und Leichtsinn genug hat, um am hellen heitern Werktag einmal offiziell ›blauen‹ zu machen, um sein Geld zu verklopfen. (...)

So ein Fest ist (...) so unnötig wie ein Kropf! Allein, es muß eben gemacht werden, um Geld zu machen zur Bestreitung der damit verbundenen Auslagen! (...) Es ist ja nicht nötig, daß ein evtl. Überschuß in

Sekt angelegt wird, wie es letztes Jahr vorgekommen sein soll! (...)

Wer liefert das Feuerwerk? Wer die Umzäunung? Wer liefert das Podium? Und die vielen andern Dinge? Sind diese Lieferanten alle so ›opferfreudig‹ wie sie die Presse schildert? Ist es nicht (...) die Gier nach dem lieben Gelde, die Triebfeder für manchen, ›dieses heimatstolzen Schaffens‹? (...)

Und nun ein paar Worte über das Kinderfest. (...) der sog. ›Kinderfestzug‹, an dem die Kinder wie die Karnevalsnarren am Fastnacht an der gaffenden Volksmenge vorübergeführt werden (...). Auch hier fließt das Geld für die Kostüme, die Schuhe, die ›Gutzele‹ etc. und noch verschiedenes andere (...), alles in die Taschen der ›opferfreudigen‹ Veranstalter. Über die Darstellungen des Zuges selbst, ist nur zu sagen, daß dieselben an Mangel und Originalität mit Ausnahme einiger weniger Figuren gelitten haben, weil eine ermüdende unverständliche Wiederholung der ›Struwelpeter‹-Figur vorkam.«[42]

4. Die Kinderfeste in den zwanziger Jahren

Die Akten geben erst nach einer mehrjährigen Pause wieder Kunde von Kinderfesten. Als erstes wird das Kinderfest in der »Allee« an der Opfinger Straße in Haslach am 13. Juli 1924 genannt.

Veranstalter waren der Lokalverein, der Musikverein, der Athletik-Sportverein, der Gesangsverein und der Bau- und Kleintierzuchtverein von Haslach. Spätere Verlautbarungen nennen »Familiensinn« und »Stärkung des Zusammengehörigkeitsgefühls der Vorortbewohner« als Antrieb, ein Fest zu veranstalten. Die Bekanntmachung erfolgte vermutlich nur innerhalb Haslachs. In der »Freiburger

Zeitung« fand sich jedenfalls keine Ankündigung. Die Einladung des Stadtrats und die Bitte um eine unterstützende Gabe wurde negativ beantwortet: »Der weitgehenden Folgen wegen kann der nachgesuchte Beitrag nicht bewilligt werden. Eine Vertretung des Stadtrats bei der Veranstaltung soll nicht erfolgen.«[43]

Der Ablauf ist nicht explizit bekannt. Er dürfte jedoch weitgehend dem »klassischen« Programm entsprochen haben. Leider fand sich in der »Freiburger Zeitung« kein Bericht über den Verlauf des Festes. Dagegen wurde ein am gleichen Tag stattfindendes Kinderfest des FFC in seinem Stadion (Organisator des Festes war der 2. Präsident des FFC, Herr Koch, der vermutlich identisch mit dem Seifenfabrikanten Karl Koch ist) immerhin mit einem kleinen Bericht bedacht. Dieses Fest war wohl nur für Mitglieder des FFC und ihre Familien, also privat.

Das gleiche Spiel zwischen Haslacher Veranstalter und Stadtrat wiederholte sich anlässlich des Kinderfestes im folgenden Jahr, am 26. Juli 1925.[44]

Im Jahr 1927 trat der Freiburger Verkehrsverein nach langer Zeit wieder mit einem großen öffentlichen Kinderfest auf den Plan.

Zusammen mit anderen Freiburger Vereinen, namentlich dem FFC, der Freiburger Turnerschaft, dem Turnverein Jahn, dem Turnverein Zähringen, der Freien Turnerschaft, dem Ritterbund, der Sängerrunde Immental, dem Gesangverein Eintracht sowie verschiedenen Radfahrvereinen und Kapellen organisierte der Verkehrsverein am 3. September 1927 (nach zweimaliger Verschiebung wegen schlechten Wetters) diesmal im FFC-Stadion das Kinderfest.

Wegen der angekündigten Teilnahme der Freien Turnerschaft meldete sich das Arbeitersportkartell Freiburg, als »örtlich zuständige Spitzenorganisation in Angelegenheiten des Arbeitersportes« vehement zu Wort: »Auf unsere Erkundigungen hin wird uns nun von seiten der Freien Turnerschaft versichert, daß eine offizielle Beteiligung (...) an diesem Volksfest nicht stattfinde. Sollten dennoch einzelne Spezialgruppen der Freien Turnerschaft sich an diesem Volksfest beteiligen, so würden sich diese bewußt außerhalb der für die Arbeitersportbewegung bestehenden Richtlinien stellen. Wir hoffen, daß unsere Sportlerinnen und Sportler sich dessen bewußt sind und sich von jeder Art aktiver Beteiligung fernhalten.

Der Untertitel ›Volksfest‹ kann uns nicht über die Wirklichkeit hinwegtäuschen. Erstens ist für uns z. Zt. hierfür kein Bedürfnis vorhanden, umso mehr, als ja stets im bürgerlichen Lager die Volksverderbnis mit den vielen Festlichkeiten begründet wird. Zweitens ist die freiorganisierte Arbeiterschaft (...) selbst in der Lage, ein wirkliches Volksfest durchzuführen, wenn hierfür das nötige Interesse und Bedürfnis vorhanden ist. Wenn man sich nun um die Arbeitersport- oder Gesangvereine für die aktive Beteiligung an solchen Festlichkeiten bemüht, so kann das nur als Mittel zum Zweck gewertet werden. Im wirtschaftlichen und politischen Tages- und Existenzkampf sind dieselben führenden Kreise meistens unsere geschlossenen Gegner. Darin liegt unsere Einstellung begründet, welche durch Satzungen und Beschlüsse unserer Bundestagungen niedergelegt ist.«[45]

Das Kinderfest war wieder mit einem Volksfest verbunden, wobei letzteres witterungsbedingt erst am 24. September stattfand, und von der Ausgestaltung

97

her mit den drei großen Festen vor dem Krieg vergleichbar. Die Veranstalter wollten »eine schöne Neuerung in das sommerliche Vergnügungsrepertoire der Stadt (...) bringen.«[46] Durch Inserate in der Tagespresse und Plakate wurde informiert und ein großer Aufwand an Reklame getrieben. Am 13. August druckte die »Breisgauer Zeitung« einen von den Veranstaltern eingesandten Vorbericht ab.

Nach einer Ankündigung mit Beschreibung des Programms des – wegen schlechter Witterung auf den 24. September verlegten – nunmehr »Herbstfest« genannten Volksfests, ärgerte sich die Redaktion der »Volkswacht«: »Dieser Artikel ist wieder einmal ein typischer Beweis dafür, wie man immer mehr dazu übergeht, die Reklame für eine Veranstaltung größtenteils im Textteil statt im Inseratenteil einer Zeitung zu machen.«[47]

Abermals gab es beim Kinderfest ein reichhaltiges Programm mit Umzug, Spiel- und Belustigungsangebot, analog zu den Vorkriegsfesten. Außerdem wurde (für die Erwachsenen) betont, dass die Preise so niedrig gehalten seien, dass »ein Besuch für jedermann leicht zu ermöglichen ist.«[48]

Nach Schätzungen hätten sich »kaum 200 Kinder« am Marsch beteiligt.[49] Gerade mal zwei Musikkapellen konnten aufgeboten werden. Die Kinder waren nur vereinzelt mit Blumen geschmückt und nur wenige hatten Fähnchen dabei. Insgesamt also eine wesentlich weniger pompöse Veranstaltung als vor dem Krieg. In der Presse monierte man die mangelhafte Beteiligung am Fest.[50] Eine andere Ursache als möglicherweise die zeitliche Verschiebung von ursprünglich 21. August auf letztlich 3. bzw. 24. September zog niemand in Erwägung. Gelobt wurde die Regie der Veranstaltung.

Obwohl die Einladung den Stadtrat erst am Morgen des 3. September erreichte, sagte Stadtrat Dr. Hauser seine Teilnahme zu.[51] In diesem Zusammenhang sei auf einen Vergleich mit der Situation anlässlich des Kinderfestes in Haslach zwei Jahre zuvor hingewiesen!

Ein ungewohnter Nachklang ist einem Schreiben des Verkehrsamts der Stadt Freiburg an den Oberbürgermeister vom 9. September 1927 zu entnehmen: »Unseres Wissens ging der Plan zu dem Kinder- und Volksfest von Direktor Schwantge[52] aus, der unter dem Deckmantel des Verkehrsvereins die Vorbereitungen für das Fest, vor allem im Benehmen mit Seifenfabrikant Koch, geführt hat. (...) Eine Unternehmung, die irgendwie geeignet wäre, den Verkehr von auswärts nach Freiburg zu fördern, können wir in einem solchen Volks- und Kinderfest nicht erblicken.«[53]

Die Abrechnung der beiden Feste (Kinderfest am 3. September und Herbstfest am 24. September) ergab Einnahmen von 2 268,95 Mark, denen aber Ausgaben von 3 384,19 Mark gegenüberstanden, so dass ein Defizit von 1 115,24 Mark entstand.[54]

5. Ausblick

Von einer Wiederholung des Versuchs von 1927, mit dem an die große Tradition der öffentlichen Kinderfeste für alle Freiburger Kinder aus der Zeit vor dem Krieg angeknüpft werden sollte, ist mir nichts bekannt. Die hehre Leitfigur der Freiburger Kinderfeste, zuletzt als »famoser Kinderonkel«[55] bezeichnet, der Seifenfabrikant Karl Koch, hatte sich den wirtschaftlichen Erfolg wohl anders vorgestellt.

In einigen Kommentaren und Bemerkungen klang an, dass man der reinen Aufopferungsbereitschaft der Veranstalter zumindest Misstrauen entgegenbrachte. Anhand der Akten lässt sich beispielsweise auch verfolgen, wie der Auftrag zum Abbrennen der großen Feuerwerke, die zu allen möglichen Anlässen geboten wurden, nach dem großen Kinder- und Volksfest von 1912 plötzlich Fabrikant Karl Koch übertragen wurde, nachdem zuvor immer eine andere Firma dazu beauftragt war.

Auffällig ist, dass speziell Haslacher Aktivitäten um die Mitte der zwanziger Jahre sowohl seitens der Stadt (keine Entsendung von Stadträten) als auch der Presse weitgehend ignoriert wurden. Mit der Verschiebung politischer Kräfteverhältnisse gingen jedoch nicht nur in dieser Hinsicht Veränderungen einher. So wurde in der »Freiburger Zeitung« über das »Kinderfest in Haslach« am 3. Juli 1927 wie über andere Ereignisse berichtet.[56]

Die Kritik an der Erhebung von Eintrittsgeld bewog wohl den Süddeutschen Rundfunk als Veranstalter eines Kinderfestes im FFC-Stadion am 18. Juni 1927 zur »Ausgabe sehr zahlreicher Freikarten«, um »auch armen Kindern eine Teilnahme am Fest« zu ermöglichen.[57]

Fortan fielen die Ereignisse offensichtlich bescheidener aus. Die für Kinder inszenierten Festlichkeiten beschränkten sich wie zuvor auf einzelne Stadtteile. Das bedeutete jedoch keineswegs eine geringere inhaltliche Qualität. Umzug, Schmuck sowie Spiel- und Unterhaltungsangebot blieben nach wie vor feste Bestandteile des Programms.

In Haslach war nach einjähriger Pause für den 7. Juli 1929 wieder ein stadtteilbezogenes Kinderfest geplant.[58] Es gibt keine Nachricht darüber, dass die Teilnahme von Kindern oder Erwachsenen aus anderen Stadtteilen verwehrt worden wäre.

Somit schließt sich der Kreis. Es begann mit reinen Kinderfesten aus Anlässen, die nur Kinder betrafen: der Eröffnung von Kinderspielplätzen. Das letzte, in den Akten vermerkte Kinderfest vor der Machtergreifung durch die Nazis, war wieder nur einem solchen Anlass gewidmet: Am 24. Juli 1932 veranstaltete der Lokalverein Herdern ein Kinderfest zur Eröffnung des Spielplatzes Ecke Haupt- und Lerchenstraße.[59]

Die Lokalvereine beteiligten sich nach dem Ersten Weltkrieg nicht mehr an der Vorbereitung eines stadtumfassenden Spektakels. Die gelegentlich überschäumende Hoch- und Hurra-Mentalität der Vorkriegszeit hatte einen gewaltigen Dämpfer erhalten. Die wirtschaftliche, politische und gesellschaftliche Situation widerspiegelte sich auch in solchen, scheinbar nebensächlichen und unbedeutenden lokalen Ereignissen.

99

Anmerkungen

1 Dieser Aufsatz basiert auf dem Manuskript für meinen Vortrag »Öffentliche Kinderfeste in Freiburg vor dem Zweiten Weltkrieg«, den ich am 19. 1 .2000 in der Stadtbibliothek Freiburg hielt.

2 Bericht bis hierhin vgl. FZ vom 29. 6. 1908.

3 Bericht und Zitate ab »Frühschoppen« vgl. FZ vom 30. 6. 1908 (Abendblatt).

4 Vgl. FZ vom 9. 7. 1908 (Morgen- und Abendblatt).

5 Vgl. FZ vom 9. 7. 1908 (Abendblatt).

6 Die Quellenangaben zu den genannten Daten bitte ich meinem Aufsatz »Entstehung und Entwicklung öffentlicher Kinderspielplätze von 1900 bis in die 60er Jahre« in vorliegender Publikation zu entnehmen.

7 StadtAF C 3, 3/2 (Schreiben des Lokalvereins Nordstadt an den Stadtrat vom 18. 7. 1908).

8 Vgl. FZ vom 30. 6. 1908 (Abendblatt).

9 FZ vom 6. 7. 1908.

10 FZ vom 1. 7. 1908.

11 Römischer Wettergott, der Regen schickt.

12 Zitat aus Schillers »Lied von der Glocke«.

13 FZ vom 6. 7. 1908.

14 Ebenda.

15 StadtAF C 3, 386/6 (Bericht des Geschäftsführenden Ausschusses an den Stadtrat vom 21. 5. 1912).

16 Vgl. ebenda (Schreiben des Verkehrs-Vereins an den Stadtrat vom 27. 7. 1912).

17 StadtAF C 3, 356/11 (Programm zum »Großen, Allgemeinen Kinder- und Volksfest«, 2. Seite).

18 Vgl. FZ vom 7. 8. 1912 (1. Morgenblatt, 2. Seite).

19 FZ vom 1. 8. 1912 (Abendblatt, 2. Seite).

20 Ebenda.

21 Vgl. StadtAF C 3, 356/11.

22 Ebenda (Beschluss des Stadtrats vom 6. 8. 1912).

23 Vgl. Freiburger Tagblatt Nr. 179 vom 7. 8. 1912.

24 Vgl. StadtAF C 3, 356/11 (Programm zum »Großen, Allgemeinen Kinder- und Volksfest«).

25 Vgl. FZ vom 7. 8. 1912 (1. Morgenblatt, 2. Seite).

26 StadtAF C 3, 356/11 (Stellungnahme des Stadtrats Koetting vom 23. 7. 1913).

27 Ebenda (handschriftliche Notiz vom Juli 1913).

28 Fahrendes Volk, Schirm- und Kesselflicker, Landstreicher.

29 Freiburger Tagblatt vom 27. 6. 1913.

30 Freiburger Tagblatt vom 28. 7. 1913.

31 Vgl. StadtAF C 3, 356/11 (Beschluss des Stadtrats vom 16. 7. 1913).

32 Vgl. ebenda (Aufstellung vom 27. 8. 1913).

33 Vgl. ebenda (Schreiben von Karl Koch an den Stadtrat vom 2. 8. 1913).

34 Ebenda (Schreiben der »Vereinigung für Kinder- und Volksfest« an den Stadtrat vom 26. 3. 1914)

35 Vgl. ebenda (Beschluss des Stadtrats vom 17. 6. 1914).

36 Ebenda (Schreiben der »Vereinigung für Kinder- und Volksfest« an den Stadtrat vom 30. 6. 1914).

37 Abgedruckt im Freiburger Tagblatt vom 3. 7. 1914.

38 Unter deutscher Mitwirkung erfolgte die österreichische Kriegserklärung an Serbien am 28. Juli, die deutsche Kriegserklärung an Rußland am 1. August 1914.

39 Vgl. Freiburger Tagblatt Nr. 128 vom 5. 6. 1914, Breisgauer Zeitung Nr. 152 vom 3. 7. 1914, Freiburger Tagblatt Nr. 150 vom 3. 7. 1914 und Nr. 151 vom 4. 7. 1914.

40 Vgl. StadtAF C 3, 356/11 (Schreiben der »Vereinigung für Kinder- und Volksfest« an den Stadtrat vom 10. 10. 1914).

41 Freiburger Tagblatt vom 7. 7. 1914.

42 Dreschflegel, Kritisch-satyrische Wochenschrift des Breisgaus, Nr. 15 vom 11. 7. 1914, in: StadtAF C 3, 356/11.

43 StadtAF C 3, 356/11 (Beschluss des Stadtrats vom 9. 7. 1924).

44 Vgl. ebenda (Beschluss des Stadtrats vom 22. 7. 1925).

45 Volkswacht Nr. 192 vom 20. 8. 1927, in: StadtAF C 3, 356/11.

46 Breisgauer Zeitung Nr. 186 vom 13. 8. 1927.

47 Volkswacht vom 19. 9. 1927.

48 Breisgauer Zeitung Nr. 186 vom 13. 8. 1927.

49 Breisgauer Zeitung Nr. 206 vom 6. 9. 1927.

50 Ebenda und Freiburger Tagespost Nr. 202 vom 5. 9. 1927.

51 Vgl. StadtAF C 3, 356/11 (Notiz des Oberbürgermeisters vom 5. 9. 1927).

52 Rundfunkintendant a.D.

53 StadtAF C 3, 356/11 (Schreiben des Verkehrsamts der Stadt Freiburg an den Oberbürgermeister vom 9. 9. 1927).

54 Vgl. ebenda (»Kurzgefasste Abrechnung« vom 10. 12. 1927).

55 FZ vom 6. 9. 1927.

56 Vgl. FZ Nr. 182 vom 7. 7. 1927 (2. Abendblatt).

57 FZ Nr. 166 vom 21. 6. 1927 (2. Abendblatt).

58 Vgl. FZ Nr. 147 vom 2. 6. 1929.

59 Vgl. Bericht in der Volkswacht vom 26. 7. 1932.

Kinderfeste

um 1965

Stadtgarten, 1979

102

Lesefest auf dem Munsterplatz, 1998

*Karting,
um 1984*

*Spielmobil,
1984*

*Malaktion,
90er Jahre*

103

Kriegsspiele

1916

1937

1942

1942

1940

105

Jugend unterm Hakenkreuz. Freiburgs Hitler-Jugend

Bernd Hainmüller

1. Vorbemerkung

Wer im letzten Band der fast 3000 Seiten umfassenden Geschichte der Stadt Freiburg[1] etwas über die Kindheit und Jugend zwischen 1933 und 1945 erfahren will, wurde bis vor kurzem enttäuscht. Die wichtigsten Dokumente aus dieser Zeit sind im Bombenhagel 1944 verbrannt oder sind 1945 vor den anrückenden Alliierten beiseite geschafft worden. Abgesehen von einigen Veröffentlichungen, die persönliche Erinnerungen an diese Zeit beinhalten[2], gab es bis vor kurzem weiße Flecken zu diesem Teil der Stadtgeschichte. Durch einen Film[3] und ein vertiefendes Buch[4] mit Zeitzeugeninterviews wurde vor zwei Jahren versucht, weitere Recherchen auf den Weg zu bringen. Die inzwischen veröffentlichten Aufzeichnungen von Käthe Vordtriede[5] zeigen jetzt interessante Ausschnitte aus dem »Innenleben« Freiburgs unter der nationalsozialistischen Herrschaft, aber sie enthalten kaum Aussagen zur Hitlerjugend, weil ihre Kinder zu alt waren, um »gegliedert« zu sein. Über das weibliche Pendant zur HJ, den Bund deutscher Mädel (BdM), sieht die Forschungslage noch trostloser aus. Mein Ansatzpunkt für eine Recherche über diese Zeit war eine Broschüre der Hitler-Jugend Freiburg aus dem Jahre 1938 mit dem Titel: »Fehde ist angesagt – 1100 marschieren«. Diese Broschüre hatte meine Frau Hiltrud von einem ihrer Schüler der Gewerbeschule erhalten, die dieser auf dem Dachboden seiner Oma in Ihringen gefunden hatte. Damit begann eine Spurensuche, die einige überraschende Ergebnisse erbrachte.

1. Rückblende: Sommer 1938 – ein ungewöhnliches »Ferienabenteuer«

Verwundert dürfte mancher Freiburger den Kopf geschüttelt haben, was ihm Ende Juli 1938 während einer sommerlichen Autofahrt auf dem Weg zum Feldberggebiet geschah: Ein Jugendlicher in kurzen Hosen hält ihn auf der Landstraße mit einem energischen »Halt!« an, fordert seine Ausweispapiere und beginnt, den Wagen zu durchsuchen. Als er nichts findet, beginnt ein Verhör mit Fragen, wie »Woher? Wohin? Weshalb die Reise?« oder »Haben sie etwas Verdächtiges bemerkt?«. Als der Freiburger nachfragt, was dem Rotzlöffel eigentlich einfiele, ihn am hellichten Tag so zu belästigen und mit welchem Recht, erhält er eine verblüffende Antwort:

»Sie meinen, das geht Sie nichts an, weil Sie als friedlicher Bürger völlig ungerührt von den Spielen der Jugend Ihren Geschäften nachgehen? Irrtum, lieber Freund! Wer kann wissen, ob sich hinter dem harmlosen Tuch der sommerlichen Straßenkleidung nicht ein feindlicher Hitlerjunge verborgen hält. Fluchen Sie nicht, aber es kann Ihnen in diesen unruhigen Tagen und Stunden tatsächlich passieren, dass Sie für kurze Zeit hindurch vorbeugend ›sichergestellt‹ werden. [...] Ich kann Ihnen noch verraten, dass alle Fahrzeuge in der Zeit vom 29. Juli bis 6. August, die sich in dem Gebiet zwischen Feldberg und Hochrhein befinden, einen Passierschein in roter Farbe erhalten. Diese Maßnahmen wurden notwendig, da sich das ganze Gebiet im Kriegszustand befindet.«[6]

Die Meldung, die ankündigt, dass Bürger aufgrund des »Kriegszustandes« durchaus für kurze Zeit »sichergestellt« werden können, stammt aus dem »Alemannen«, dem Kampfblatt der Kreisleitung Freiburg der NSDAP. Wir schreiben das Jahr 1938, genauer den 23. Juli 1938. Ein Großereignis warf seine Schatten voraus: Die seit dem Frühjahr 1938 geplante Durchführung einer »Fehde« zwischen dem Bann 113 der Hitler-Jugend Freiburg und dem Bann 111 aus Baden-Baden, angelegt als »Großgeländespiel« quer durch den Schwarzwald, an dem vom Freitag, dem 29. Juli 1938, bis zum Sonntag, dem 7. August 1938, auf Freiburger Seite rund 1100 Jugendliche, auf Baden-Badener Seite ca. 250 Jugendliche teilnahmen. Dass es um mehr als ein »Spiel« ging, hatte die Freiburger nationalsozialistische Presse schon vorab angekündigt:

»Wie wir berichteten, waren zwischen dem Bann 111 und dem Bann 113 diplomatische Schwierigkeiten ausgebrochen. Inzwischen wurde im ›Generalstab‹ des Heerlagers von Bann 113 ein Spion von der Gegenseite aufgegriffen, dessen Aufgabe es war, etwaige Aufrüstungspläne der 113er auszukundschaften. Über diesen Zwischenfall ist es nunmehr zum Abbruch der diplomatischen Beziehungen gekommen.«[7]

Vierzehn Tage später, am Abend des 29. Juli 1938 wurde auf dem Münsterplatz in Freiburg unter dem Jubel von 1100 Jugendlichen die »Fehde« des Bannes 113 gegen den Bann 111 durch einen »Fehdebrief« ausgerufen. Von Fanfarenbläsern begleitet, ritt ein Herold in alter Heroldstracht auf einem Pferd auf den Platz und eröffnete die schaurige Kriegsinszenierung:

»Auf dem Münsterplatz erschien der Heerrufer und las seinen bluttriefenden Fehdebrief, der mit ebenso bluttriefendem Geheul von den Heerscharen beantwortet wurde. Die ersten Böller krachten, die ersten Leuchtraketen stiegen in den Himmel. [...] Bannführer Heiner Bieg ergriff jetzt selbst das Wort vom Balkon des [Hotels, d. Verf.] Rappen herab: Endlich ist die Stunde gekommen, wo wir unseren Feinden die Antwort geben können. [...] Wir werden wahrmachen, was wir in unserem Fehdebrief versprachen. Dieser lustige Kampf gegen Baden-Baden hat noch einen tieferen Sinn: Wir wollen unseren Körper durch Geländesport [...] stärken!«[8]

Danach übernahmen die Unterbannführer das Kommando. Formiert zu einer einzigen Marschsäule ging es unter Vorantritt des Kreismusikzuges zum Bahnhof. Das »kampfesmutige Heer« rollte im Sonderzug mit den 1 100 Jungen aus dem Bahnhof in die Nacht. Die Baden-Badener, rund 250 Jugendliche auch aus den Kreisen Rastatt und Bühl, hatten zu diesem Zeitpunkt bereits vor Ort, oberhalb des

Fehdebrief aus:
»Fehde ist angesagt«
Broschüre
der HJ, 1938

108

Hebelhofs am Feldberg, ihr Lager bezogen. Unterdessen waren ihnen die Freiburger dicht auf den Fersen. Sie waren zunächst in einem Sonderzug mit dem Ziel Höllsteig im Höllental gefahren, von wo aus sie in einem Nachtmarsch durch das Löffeltal nach Titisee marschierten. Da sich der vorgebliche Feind aus Baden-Baden am Herzogenhorn »verschanzt« hatte, machten sie hier eine Verschnaufpause, bis gegen Mittag die einzelnen Gruppen mit ihren Unterbannführern aufbrachen, um in ihre ersten Quartiere in Lenzkirch, Saig, Falkau, Altglashütten und Schluchsee zu gelangen. In den nächsten Tagen wurde der Feind gejagt, über St. Blasien, Bernau, Todtmoos, Schönau, das Wiesental hinunter nach Schopfheim bis zum Endpunkt Bad Säckingen. Jeder Tag sah neue »Kämpfe« zwischen den Mitgliedern der beiden »Truppen«:

»So gab es blutige und unblutige Gefechte. [...] In 20 bis 25 Kilometer breiter Front zogen die Gefolgschaften dahin. Immer wieder sich treffend, immer wieder auf den Feind stoßend, der schließlich in einer einzigen Nacht in Todtnau vernichtend geschlagen wurde«.[9]

Es ist wohl eine Ironie der Geschichte, dass bis heute die Teilnehmer der »Fehde« nicht wissen, wer diese eigentlich gewonnen hat. Großspurig behaupteten die Freiburger in ihrer Broschüre, sie hätten die Baden-Badener vernichtend geschlagen. Tatsache ist aber, dass die Baden-Badener einfach nur früher nach Hause mussten und nicht mit nach Bad Säckingen zur Abschlussfeier zogen. Das Opfer hatte wohl auch ausgedient, der Zweck war erreicht. Zwar gab es keine Toten, aber »blaue Augen ließen sich nicht vermeiden und sollten auch gar nicht vermieden werden. Eine Jugend soll heranwachsen, die

HJ-Mitglied des Bannes 113

hart im Geben wie im Nehmen ist. Nur wo Härte und Mut verlangt wird, da wächst auch eine entsprechende Jugend heran«[10], schrieb Bannführer Heiner Bieg in seiner Nachbetrachtung.

Wie das Geben und Nehmen aussah, zeigen drei Beispiele: In der »Schlacht am Feldberg« erbeuteten die Freiburger eine größere Anzahl von Schuhen des Gegners, »wodurch eine größere Anzahl feindlicher Streitkräfte ausfallen dürfte, da ein Barfußlaufen in dieser wilden Gegend wohl schwerlich in Frage kommen wird«[11], heißt es in einem Teilnehmerbericht; Baden-Badener Gefangene wurden in die örtlichen Ortsarreste gesteckt und ebenso wie der letztlich gefangene Führer der Baden-Badener »bei Wasser und Brot gehalten«. Ein Freiburger wurde am Kopf durch ein Platzpatrone verletzt, die ein

109

»Truppentransport«

Baden-Badener mit einen Schreckschussrevolver nahe vor seinem Gesicht abgefeuert hatte.

Am Endpunkt der Übung in Säckingen war im Unterschied zu den »Einquartierungen« bei Bauern unterwegs ein Zeltlager aufgebaut worden. Höhe- und Schlusspunkt der Großkampfveranstaltung war eine Schlusskundgebung mit dem HJ-Obergebietsführer Kemper und das anschließende gemeinsame Verzehren eines von der Metzgerinnung gestifteten Mastochsen mit 18 Zentnern Lebendgewicht, der von zwei Uhr morgens bis abends über dem Feuer gebraten wurde. Am Sonntag, dem 7. August 1938, trafen die »Kriegsteilnehmer« des Bannes 113 um

18.14 Uhr mit einem Sonderzug von Säckingen kommend wieder in Freiburg ein, anschließend fand ein Vorbeimarsch an der damaligen Rotteck-Oberrealschule statt, bevor das »Spiel« auf dem Münsterplatz beendet wurde. Der »Hohe Generalstab« der Freiburger hatte seine Ziele erreicht. Mehrere Monate Vorbereitungsarbeit hatten sich ausgezahlt. Jetzt konnte man das Resümee ziehen: »Wenn Jungen von einer Sache innerlich erfasst sind, lassen sie sich gut formen. Deshalb kann der erzieherische Wert des Großgeländespiels nicht hoch genug eingeschätzt werden«.[12]

Wer gehörte zu dieser Art von »Kriegserziehern« in Freiburg? Wir wissen aus der Broschüre, wer den »Hohen Generalstab« bildete, und man kann anhand der Personen gut auf die Bedeutung des Wehrsports in der Stadt schließen. Mitglieder waren u.a. HJ-Obergebietsführer Gau Baden, Friedhelm Kemper[13], NSDAP-Kreisleiter Wilhelm Fritsch, Oberbürgermeister Dr. Franz Kerber, Stadtkämmerer Schlatterer , Polizeidirektor Günter Sacksofsky, der Präsident der Industrie- und Handelskammer Tscheulin, die Direktoren Opderbeck und Linnemann von der »Rhodiaceta«, Direktor Vogt von der Firma »Fortschritt«, SA-Brigadeführer Joachim Weist, SA-Standartenführer Binner und SS-Standartenführer Walter Gunst. Zwei Mitgliedern des »Hohen Generalstabs« (Joachim Weist und Walter Gunst) konnten die Freiburger Bürger nur wenige Monate später bei einer anderen Art von »Sport« zusehen: dem »Anzünden der Synagoge«. Das Großgeländespiel hingegen war die Umsetzung der vormilitärischen Ausbildung in »spielerischer Form«. Für dieses Freiburger Großereignis kennen wir die Urheber: Bannführer Heinrich Bieg vom Bann 113

110

und Franz Fauler, damals Bannführer des Bannes 111 in Baden-Baden. Franz Fauler stammt aus der angesehenen und alteingesessenen Freiburger Industriellenfamilie Fauler, die im 19. Jahrhundert einen langjährigen Oberbürgermeister der Stadt stellte. Fauler und Bieg kannten sich aus ihrer gemeinsamen Zeit als Jungbannführer in Freiburg. Es dürfte wohl Bieg gewesen sein, der auf die Idee kam, den Führerbefehl zur Verstärkung der vormilitärischen Ausbildung der HJ in die Form eines Großgeländespiels zu gießen. Faulers Baden-Badener HJ-Bann schien aufgrund der persönlichen Freundschaft zwischen den beiden das geeignete Opfer für diese Freiburger Inszenierung zu sein. Zunächst bestand die Aufgabe des von ihnen gebildeten Generalstabs vor allem in der lückenlosen Organisation der Veranstaltung und die Aufstellung eines möglichst attraktiven Angebots, das auch außenstehende Jugendliche begeistern sollte. Ein ausschlaggebender Punkt für die Teilnahme von so vielen Jugendlichen waren dann auch die auf den ersten Blick erheblichen Vorteile der Unternehmung: Die zehntägige Veranstaltung kostete wenig und »bot« viel in einer Zeit, als Sommerurlaub noch immer ein Privileg der Begüterten war. Man konnte mit den »HJ-Sparmarken« der Sparkasse darauf ansparen und die HJ-Führung half, mit »diplomatischen Telefongesprächen den Jungen von seinem Meister oder Lehrherrn loszukaufen«. Die Aussicht auf gute Unterbringung, reichliche Verpflegung und Gemeinschaftserlebnisse kamen hinzu. All dies war freilich nur möglich, weil die Bürgermeister in Schluchsee, Titisee, Schönau, Utzenfeld, Atzenbach, Ibach, Brenden, Bernau oder Todtmoos mitzogen und die Teilnehmer in Bauernhöfen, Pensionen,

Schulen etc. einquartierten. Die Organisation selbst lag bei der HJ-Führung: »Es gab kein Parlament. Es gab keine Besprechungen mit Abstimmungen und ähnlichen Scherzen. Wir hörten im kleinen Kreis die Vorschläge. Sie wurden geprüft und durchgeführt oder nicht durchgeführt. [...] Kein Wenn und kein Aber – sondern Organisation.«[14]

Je länger sich das »Großgeländespiel« hinzog, desto stärker identifizierten sich die Jugendlichen mit dem Charakter des Spieles als »Krieg«, wie aus der Postkarte eines Teilnehmers an seine Eltern hervorgeht: »Liebe Eltern, Vielen Dank für letzte Zeilen! Nicht viel Zeit, drum muss ich eilen und mach's kurz; zu Hause mehr. Mündlich ist das nicht so schwer. Also: Hier ist's prächtig. Hunger mächtig. Stets was los. Und so weiter.....! Morgen leider Krieg aus. Und nach Haus! Euer Karl.«[15]

Der Bann 111 aus Baden-Baden verwandelte sich im Verlauf der »Kriegshandlungen« zu den »blauen Streitkräften«, die Freiburger zu den »Roten« mit einem »roten Admiral« an der Spitze und der »Alemanne« titelte Schlagzeilen wie: »Vormarsch wird fortgesetzt – 2. ›Kriegsbericht‹ der HJ« und zum guten Schluss: »Rückkehr der Freiburger ›HJ-Truppen‹«. Die Anführungszeichen signalisieren, dass man den offensichtlichen Charakter als Kriegsspiel noch nicht zu stark herauskehren wollte. Was den Teilnehmern erst später klar wurde, war, dass hier der unter Hochdruck vorbereitete Krieg mit »spielerischen Mitteln« vorweggenommen worden war.

2. Lagerleben: Wie man Jugendliche für den Krieg formte.

Lager in Säckingen

Geländespiele wie das aus dem Jahre 1938, verbunden mit mehrtägigen Aufenthalten in Zeltlagern und Lagerfeuerromantik waren keine Erfindung der Nationalsozialisten. Dass das Leben unter freiem Himmel, verbunden mit sportlicher Betätigung, spielerischen Akzenten, gemeinsamem Kochen etc. große Anziehungskraft auf Heranwachsende ausübt, war seit langem bekannt. Neu an der Idee der HJ-Führung waren drei Zweckbestimmungen, denen das Großgeländespiel über althergebrachte pädagogische Momente hinaus diente: Der Drang zum Kräftemessen unter Jugendlichen hatte Ernstfallcharakter. »Fehde« bedeutete:

a) Kampf bis zum bitteren Ende, d.h. Ausschalten des Gegners (nicht umsonst wurden die Baden-Badener als »Feinde« gekennzeichnet und liquidiert).

b) Der Hang zur Wiederentdeckung der Natur durch Bewegung im Gelände wurde vormilitärisch ausgeprägt. Der Geländesport wurde deshalb unterteilt in: Spähtrupp-Ausbildung, Meldewesen, Gruppenverhalten im Gelände, Anschleichübungen etc. nach dem Grundsatz: »Der Vorwärtsdrang darf nicht verlorengehen.«

113

Aufstellung über die erforderlichen Sportgeräte.

a. **Wehrsportlicher Art**

30	K.K.- Gewehre	a.	RM	48.—	RM	1440.—		
10	Luftgewehre		"	39.—	"	390.—		
300	Wurfkeulen		"	-.90	"	270.—		
30	Marschkompasse		"	12.50	"	375.—		
50	Karten		"	1.70	"	85.—		
200 000	Schuss K.K.Munition 1000 Schuss		"	13.50	"	2700.—		
20	Schiesskladden		"	1.—	"	20.—		
2	Pistolen P.P.K.		"	48.—	"	96.—	RM	5376.—

b. **Sportlicher Art**

30	Stoppuhren	a.	RM	28.80	RM	864.—		
50	Medizinbälle		"	22.—	"	1100.—		
200	Paar Boxhandschuhe		"	13.85	"	2768.—		
200	Trockenständer		"	-.90	"	180.—		
20	Bandmasse		"	18.—	"	360.—		
10	Fussbälle		"	13.—	"	130.—		
10	Handbälle		"	19.50	"	195.—		
20	Speere		"	3.30	"	66.—		
10	Fussballpumpen		"	-.75	"	7.50		
30	Kugeln		"	5.—	"	150.—		
5	Ziehtaue		"	12.80	"	64.—		
20	Morselampen		"	2.—	"	40.—		
10	Diskusse		"	6.—	"	60.—		
20	Staffettenstäbe		"	-.20	"	4.—		
5	Startpistolen		"	12.90	"	64.50		
500	Platzpatronen z.Startp. 100 Stück		"	4.05	"	20.25		
500	Springseile		"	-.70	"	350.—		
	Tauwerk für Marine HJ.				"	100.—		
	Zur Anschaffung eines Kutters				"	250.—	RM	6773.25

c. **Weltanschauliche Schulung.**

Der von der Reichsjugendführung zur Anschaffung befohlenen HJ.- Bildgeräte 5 Bildgeräte	a.RM 100.—	RM	500.—	RM	500.—	

Gesamtsumme	RM12649,25

Für 1938 angeforderte »Jugendpflegemittel« des HJ-Bannes 113

114

c) Aus heterogenen Kleingruppen von Jugendlichen, die z. T. aus unterschiedlichen weltanschaulichen und religiösen Lagern kamen, sollte eine straff geführte, ideologisch einheitlich ausgerichtete Kampftruppe zusammengeschweißt werden. Der Effekt des gemeinsamen Erlebnisses sollte die Jugendlichen von einer »Gemeinschaft auf Zeit« zu einer »Gemeinschaft auf Dauer« mit einem entsprechendem Zusammengehörigkeitsgefühl führen.

d) Die Sonderformationen der HJ (Motor-HJ, Marine-HJ, Flieger-HJ, Nachrichten-HJ, Reiter-HJ, HJ-Feldschere (Sanitäter) sollten so zusammengeführt werden, dass quasi militärisch sinnvolle Untergliederungen der Wehrmacht entstanden. Jede dieser Sonderformationen hatte ein eigenes Übungsgelände, so u. a. die Flieger-HJ auf dem »Bohlhof« im Hotzenwald oder die Marine-HJ in Breisach am Rhein, wo das spätere Zusammenwirken eingeübt wurde.

Übergreifend wurde die Schießausbildung (einschließlich Scharfschützen-Ausbildung) in das Geländespiel integriert. Pädagogisch durchaus sinnvolle Geländespiele zum Kräftemessen verwandelten sich unter der Hand in inszenierte Kriegsspiele, die als Geländesport getarnt waren. Dieser Prozess dürfte sich großenteils hinter dem Rücken der Teilnehmer abgespielt haben, was erklärbar macht, dass die Teilnehmer bis heute die militärischen Hintergründe dieser Geländespiele nicht durchschauen. Tatsache ist demgegenüber, dass der Dienstplan der Hitler-Jugend Gebiet Baden für die Kurzausbildung der Siebzehn- bis Achtzehnjährigen – nur für den internen Dienstgebrauch bestimmt – eine deutliche militärische Sprache spricht, deutlicher als das die Teilnehmer damals empfunden haben mögen:

»Eine in allen Einzelheiten sehr gut durchgeführte Spähtruppaufgabe ist das Ziel unserer Geländesportausbildung. Dieses Ziel muss mit jeder Einheit unbedingt erreicht werden. Jeder Spähtrupp ist eine Mannschaft, die auf Gedeih und Verderb miteinander verbunden ist. Völlige Hingabe an die gestellte Aufgabe, Einsatz aller geistigen und körperlichen Kräfte, bedingungslose Unterordnung unter den Spähtruppführer muss jeden einzelnen Jungen beseelen. Das Versagen des Einzelnen bedeutet Niederlage; eine schnelle und richtige Erfüllung der Aufgabe den ersten Schritt zum Sieg der eigenen Partei. Bei den Spähtruppaufgaben zeigt sich, wer ein Kerl ist, wer mutig, geistesgegenwärtig und körperlich leistungsfähig ist und wer Entschlusskraft besitzt. Hierbei sind die Jungen zu erkennen, die Anlagen zum Führen haben.«[16]

So konnte es geschehen, dass aus dem Gegner für die Zwecke des Spieles der »wirkliche Feind« (die »Blauen«) wurde, den es durch Aufspüren, Einfangen und Ausschalten durch Abreißen des »Lebensfadens« zu liquidieren galt. Deshalb war das Großgeländespiel von 1938 ein bezeichnendes Fanal des längst vorbereiteten Angriffskrieges. Die organisierte Bewegung im Großraum Schwarzwald zwischen Hinterzarten und Säckingen mittels Fußmärschen, Kradmeldern, Nachrichtenstäben, Funkereinheiten, Generalstäben und Hauptquartieren war die Vorwegnahme des Ernstfalles auf eine militärische Auseinandersetzung mit dem »Feind«. Die Ziele vermischten so geschickt verschiedene Elemente von Jugendarbeit und nationalsozialistischer Erziehung, dass vielen Teilnehmern erst nach Kriegsausbruch 13 Monate später, als aus dem Spiel blutiger Ernst geworden war, klargeworden ist, dass

»Abgefangene feindliche Meldung«

sie hemmungslos missbraucht worden waren. Bannführer Bieg wusste demgegenüber genau, was er wollte:

»In früheren Zeiten zogen Jungen 10 oder 20 Mann hoch hinaus, um »Indianer« oder »Räuber« zu spielen. Oder es stand Straße gegen Straße, Klasse gegen Klasse. Aber immer nur haben die wenigen mitgemacht, die schneidige Kerle waren.«[17]

Jetzt sollten schneidige Kerle en masse geformt werden, das Kanonenfutter für den Erstschlag gegen die Länder Europas. Wie ging diese Formung vor sich? Im wesentlichen dadurch, dass der Alltag des Lagers bereits vollständig durchorganisiert und militärischen Zwecken angepasst wurde. Mit Hilfe einer eigens für die Lagerführer herausgegebenen – nur für den internen Dienstgebrauch bestimmten – Schrift[18] können wir heute noch nachvollziehen, wie ein solches »Musterlager« auszusehen hatte. Auch die einzelnen Tagesabschnitte waren genau

vorgegeben. Die eigentliche Lager»freizeit« als freie Zeit für den einzelnen Teilnehmer betrug pro Tag lediglich eine Stunde. Der Rest des Tages war verplant, wie aus der Dienstanweisung der HJ-Führung hervorgeht. Im einzelnen gestaltete sich ein Tag wie folgt:

»6.30 Uhr: Wecken; 6.35 Uhr: Frühsport; 6.45 Uhr: Waschen, Anziehen, Zelt- und Lagerordnung; 7.45 Uhr: Zelt- und Lagerappell; 8.00 Uhr: Frühstück; 8.45 Uhr: Flaggenparade; 9.00 Uhr: Weltanschauliche Schulung; 10.00 Uhr: Sport, Geländespiel, Schwimmen, Abnahme des Leistungsabzeichens; 12.00 Uhr: Mittagessen; 12.45 Uhr: Mittagsruhe; 14.30 Uhr: Sport, Geländespiel, Schwimmen, Abnahme des Leistungsabzeichens; 17.00 Uhr: Zwischenmahlzeit; 17.30 Uhr: Lagerfreizeit (freiwillige Schulung, Vorbereitung des Leistungsabzeichens, Putz- und Flickstunde, Führerbesprechung); 18.30 Uhr: Ordnungsübungen; 19.00 Uhr: Flaggeneinholen; 19.15 Uhr: Abendessen; 20.15 Uhr: Lagerstunde (Singen, Erzählen, Lagerzirkus, Film, Vorbereitung von Feiern); 21.10 Uhr: Waschen; 21.20 Uhr: Locken zum Zapfenstreich; 21.30 Uhr: Zapfenstreich.«[19]

Zusätzlich zu den Schulungen gab es Tageslosungen (z.B. »Alles Leben ist Kampf«), Tischsprüche (z.B. »Herr lass mich hungern dann und wann, satt sein macht stumpf und träge; und schick mir Feinde Mann um Mann, Kampf hält die Kräfte rege«) und Fahnensprüche (z.B. »Das ist unser Gebet: Wir müssen fallen, die Fahne steht. Wir mögen vergehen, namenlos – Deutschland muss stehen, ewig und groß«). Im speziellen Freiburger Fall von 1938 trat ein weiterer Zweck des HJ-Geländespiels ebenfalls nicht offen zutage: Das Vorführen der »anständigen deutschen Jugend« gegenüber Kurgästen und Touristen im Schwarzwald, insbesondere Ausländern, deren Herkunftsländer sich 1938 noch nicht im Krieg mit Deutschland befanden. Deshalb basierte die Aktion auch nicht auf einem zentralen Zeltlager (mit Ausnahme des Abschlusslagers in Bad Säckingen), sondern auf der Einquartierung von Teilnehmergruppen auf Bauernhöfen, in Ortschaften und Pensionen. NSDAP-Ortsgruppenleiter Maier aus Titisee schrieb im Nachhinein quasi als Auswertung: »Der Eindruck, den die Hitlerjungen hier bei der Bevölkerung und insbesondere auch den Kurgästen, wovon über die Hälfte Ausländer war, hinterließ, kann als sehr gut bezeichnet werden. Besonders die vielen Ausländer beeindruckte die stramme Haltung und die Disziplin stark. Wir werden uns freuen, wenn die HJ im nächsten Frühjahr oder Sommer wieder nach hier kommen wird.«[20]

Der nächste Sommer gestaltete sich freilich für viele etwas anders. Statt zum Bergsteigen in die deutsche »Ostmark« zu fahren, fanden sie sich als Kriegsfreiwillige oder bereits Eingezogene an der polnischen Front wieder. Man hatte ihnen beigebracht zu gehorchen; man hatte ihnen beigebracht, Gegner zu liquidieren, man hatte ihnen beigebracht, dass Kameradschaft und der Eid auf den Führer bis zum Tod gilt. Und sie gingen, und nicht wenige verloren ihre kostbarsten Jugendjahre. 3 161 Freiburger sind laut dem Gedenkbuch der Stadt im Krieg gefallen, nicht wenige davon als »Kriegsfreiwillige« bereits in den ersten Kriegsmonaten; 1 359 Soldaten werden immer noch als »vermisst« geführt.

Rast am Titisee

117

3. Wie es angefangen hatte: Die Freiburger Hitler-Jugend zwischen 1927 und 1937

Die HJ Baden wurde 1927 gegründet. Der Freiburger Bann 113, der den heutigen Stadtkreis Freiburg und den Landkreis Breisgau-Hochschwarzwald umfasste, spielte bis zum Januar 1933 im politischen Leben der Stadt kaum eine Rolle. Dasselbe gilt für den BdM und die jeweiligen jüngeren Untergliederungen. Dies rührte daher, dass die Basis der Mutterorganisation NSDAP in Freiburg selbst nicht sehr breit war. Bei den letzten freien Wahlen am 6. November 1932 kam die NSDAP in Freiburg nur auf 22,4 % der Wählerstimmen. Stärkste politische Kraft in der Stadt war das »Zentrum«, was im überwiegend von katholischen Einrichtungen und durch den Sitz des Erzbischofs geprägten Freiburg nicht verwundert.

Die Mitgliederzahl der HJ (Zahlen fehlen leider) dürfte angesichts der katholischen Jugendorganisationen eher gering gewesen sein. Dies änderte sich erst, als es der NSDAP im April 1933 gelang, den Nationalsozialisten Dr. Franz Kerber anstelle des bisherigen Oberbürgermeisters Bender als Oberhaupt der Stadtverwaltung einzusetzen. Der Parteigenosse Kerber war zwar kein übermäßiger Förderer der HJ, aber immerhin flossen jetzt einige Gelder der Stadt als Zuschüsse zur Jugendarbeit für Zeltlager, Ausrüstung etc., wenngleich in den Augen der HJ mehr als spärlich. Kerber achtete nämlich in ihren Augen zu sorgfältig darauf, der HJ keine Sonderrolle innerhalb der Freiburger Jugendorganisationen zu geben, um Konfrontationen mit dem katholischen Jugendspektrum zu vermeiden. Begünstigt wurde die Position der HJ vor allem durch den Umstand, dass im gesamten Reich die bündischen, politischen und gewerkschaftlichen Jugendbewegungen ab Mai 1933 entweder verboten wurden oder sich nach und nach in die HJ auflösten. Wie das in Freiburg vor sich ging, schildert ein Zeitzeuge so:

»1931 meldeten meine Eltern meinen Bruder und mich bei der evangelischen Jugend, dem damaligen Bibelkreis an. Diese Jugendgruppe hatte ein Jugendorchester unter der Leitung eines jungen Vikars. Unser Übungsraum lag am Ende der Herrenstrasse kurz vor der Einmündung zum Karlsplatz. [...] Das Musizieren in diesem Jugendkreis war eine sehr gute und schöne Sache. Alle 14 Tage war Probe. Es kam das Jahr 1933. Gegen Ende dieses Jahres waren wir eines Abends zur Probe in unserem Übungsraum. Der Vikar war noch nicht da. Wir warteten. Nach einiger Zeit erschien der Vikar mit einem Hitlerjugendführer, ich glaube es war der Gefolgschaftsführer Weinbrecht, ein übler Bursche, später Offizier der Waffen-SS. Der Vikar erklärte kurz, seine Tätigkeit sei ab sofort beendet. Es gäbe auch keinen Bibelkreis mehr und wir seien nunmehr ein Orchester der Hitlerjugend. Der uniformierte Hitlerjugendführer sagte: Aufgrund einer Vereinbarung zwischen dem Reichsbischof Müller und dem Reichsjugendführer Baldur von Schirach seien alle evangelischen Jugendverbände, rund 800 000 Jugendliche, von der HJ übernommen worden. Er erklärte weiter: Wer nicht in der Hitlerjugend bleiben wolle, müsse sich von den Eltern abmelden lassen. Im übrigen könnten wir ja auch als Hitlerjugendorchester weiterhin als Musikgruppe bestehen bleiben. Die HJ könne uns als Orchester brauchen. Der Musikabend war beendet. [...] Später fanden auf dem Karlsplatz mit Fackeln feierliche Übergabe-Zeremonien statt. Kurz gesagt, wir blieben als Jugendorchester zusammen. Der übliche Hitlerjugenddienst blieb uns erspart.«[21]

Nur gegenüber den katholischen Jugendgruppen, die durch das 1933 geschlossene Konkordat mit dem Vatikan einen gewissen Schutz vor Verfolgung hatten, hatte die HJ einen schweren Stand. Das dokumentiert sich u.a. darin, dass noch im August 1933 eine Massenschlägerei zwischen einem HJ-Spielmannszug, der zuvor die Abendmesse gestört hatte, und Mitgliedern katholischer Jugendgruppen unter Führung der Familie Ruby auf dem Münsterplatz eindeutig zuungunsten der HJ ausging.[22] Das erste große Auftreten der HJ in der Stadt war wenige Wochen zuvor ebenfalls ein Reinfall gewesen: Für den 17. Juni 1933 war auf dem Münsterplatz vor der mittleren Portalsäule ab 19.15 Uhr ein eigenes »kleines Bücherfeuer« im Rahmen der »1. Kulturellen Kampfwoche gegen Schmutz und Schund« geplant, das als Ersatz für die im Mai ausgefallene »große Bücherverbrennung« des NS-Studentenbundes stattfinden sollte. Nach einem gemeinsamen Eingangslied »Volk ans Gewehr«, einer anschließenden »Feuerrede« des evangelischen Jugendpfarrers Albert aus Gundelfingen und dem Aufsagen von »zehn Feuersprüchen« sollte ein gemeinsamer Marsch zum »Großen Bücherfeuer« auf dem Exerzierplatz (heute

Messplatz) mit einer Ansprache des Parteigenossen OB Kerber erfolgen.[23] Die Bücherverbrennung, sowohl die »kleine« auf dem Münsterplatz als auch die »große« auf dem Exerzierplatz, fielen wegen schlechten Wetters aus, und beide waren bei weitem nicht so gut besucht, wie sich die HJ-Führung dies versprochen hatte. Neben dem evangelischen Jugendpfarrer Albrecht war es vor allem der Pfarrer der Ludwigskirche, Fritz Kölli, der als Führer der Deutschen Christen in Freiburg versuchte, über den nationalsozialistisch geprägten Konfirmantenunterricht die Jugendlichen in die HJ hineinzuziehen: »Infolge eines Umzuges innerhalb Freiburgs kamen wir dann in die Gemeinde der Ludwigskirche in der damaligen Adolf-Hitler-Straße. 1935 begann für

Mitgliedsausweis der Hitler-Jugend Gebiet 21, Baden (Name durch die Hrsg. geschwärzt)

*Musik und Lieder
spielten
eine wichtige Rolle
bei der Formung
der Jugend*

Uniform in Straßburg mit einem schönen goldenen Kreuz auf der Uniform durch die Straßen gehen. Die ungeheuerlichen Verbrechen an der elsässischen Bevölkerung hat er offenbar nicht bemerkt.«[24]

Die Randstellung der HJ gegenüber den kirchlichen Jugendkreisen änderte sich erst, als am 1. Dezember 1936 ein Reichsgesetz die HJ zur »Staatsjugend« erklärte. Das bedeutete, dass von diesem Zeitpunkt an die HJ eine Sonderstellung innerhalb der Gesellschaft innehatte. Praktisch äußerte sich das in der Einführung des »Staatsjugendtags«. An Samstagen, an denen normalerweise Schulunterricht stattfand, mussten HJ-Mitglieder nicht in die Schule, sondern hatten in ihren Gefolgschaften und Scharen Dienst zu leisten. Nur für diejenigen, die nicht in HJ-Gliederungen bis dato eingetreten waren, fand stattdessen klassenübergreifend »staatspolitischer« Unterricht statt.

Welche »Schmach« mag es für einen Jugendlichen gewesen sein, als »Ausgegrenzter« für alle sichtbar in der Schule schmachten zu müssen, während die Klassenkameraden Wochenendfahrten, Geländespiele, Wanderungen o.ä. durchführten! Allein diese Tatsache dürfte manche veranlasst haben, baldmöglichst in die HJ einzutreten, was nach wie vor (bis März 1939) freiwillig geschah. Zusätzlichen Zulauf erhielt die HJ auch durch das 1937 ausgesprochene Verbot der katholischen Jugendverbände (z.B. »Quickborn«) bis hin zu katholischen Turnvereinen und begleitenden Hetzkampagnen gegen Pfarrer und Jugendleiter. Die Sonderrolle der HJ als »Staatsjugend« ab 1936 signalisieren einige Ereignisse in diesem Jahr:

a) Als am 18. April 1936 fünf Mitglieder einer englischen Jugendgruppe am Schauinsland unterhalb

mich der Konfirmationsunterricht, den wir von Stadtpfarrer Kölli erhielten. Pfarrer Kölli war nun sehr oft als höherer SS-Führer auch in Uniform zu sehen. Es kam auch schon vor, dass er in Uniform zum Konfirmationsunterricht erschien. An einem darauf folgenden Weihnachtsfest war ich gebeten worden, mit einigen Mitschülern mit Unterhaltungsmusik aufzuwarten. Ich spielte damals schon recht gut Klarinette. Hier sah ich nun zum ersten Male, wie man sich in SS-Kreisen, zu denen auch Pfarrer Kölli gehörte, das Weihnachtsfest vorstellte. Es wurde vom Jul-Fest gesprochen. Der Weihnachtsbaum hing umgekehrt nach unten, und man machte sich lustig über das ganze Weihnachtszeremoniell. [...] Pfarrer Kölli sah ich später mehrfach, da er mit Gauleiter Wagner befreundet war, in SSdes Gipfels während eines Schneesturms umgekommen waren, wurde der Unglücksfall von der HJ-Führung politisch umgedeutet und zwar dahingehend, dass die fünf englischen Pfadfinder im Kampf für ein »offenes, ehrliches und anständiges Verhältnis der Völker untereinander« gefallen seien. Die HJ organisierte deshalb eine Totenwache auf dem Hauptfriedhof, wo die fünf Särge vor dem Rücktransport aufgebahrt waren und gab den Überlebenden der Gruppe ein »Ehrengeleit« bis nach England. Mit ausdrücklicher Unterstützung der Reichsjugendführung in Berlin begann man, Pläne für ein monumentales Erinnerungsmal am Schauinsland für die toten englischen »Kameraden« zu schmieden und Geld hierfür zu sammeln (das heutige »Engländerdenkmal« unterhalb des Schauinslandgipfels in Richtung Hofsgrund).

b) Die Sonderstellung der HJ lässt sich auch daran ablesen, dass ab 1936 landesweit ein »Streifendienst« der HJ eingerichtet wurde. Das bedeutete nicht mehr und nicht weniger, als dass eine Jugendpolizei in der Stadt patrouillierte, die das Ziel hatte, »verwahrloste« und »undeutsche« Verhaltensweisen von Jugendlichen (Herumlungern, Alkoholkonsum in der Öffentlichkeit, Rauchen, Grölen, Belästigung von Mädchen etc.) dem Jugendamt, der Polizei und den Eltern zu melden – nach dem Motto: »Jugend erzieht Jugend«.

c) Ab 1936 meldete die HJ-Führung unter Hinweis auf das Staatsjugendgesetz gegenüber der Stadt den Anspruch an, für ihre Untergliederungen eigene HJ-Heime entweder zu bauen oder ihr geeignete Objekte kostenfrei zu überlassen. OB Kerber, der zunächst versuchte, diese Anträge mit dem Hinweis zu verzögern, die Stadtverwaltung müsse ihre knap-

pen Ressourcen für dringende Gemeinschaftsprojekte zum Nutzen aller Freiburger Volksgenossen verwenden, musste schließlich erkennen, dass er sich der Mitwirkung bei der Heimbeschaffung auf Dauer nicht entziehen konnte und übergab der HJ zusätzlich zur NSDAP-Zentrale in der Adolf-Hitler-Straße 140–142 (heute: Kaiser-Joseph-Straße) u.a. folgende städtische Räumlichkeiten: Alter Wiehrebahnhof Urachstraße 40 (heute Kommunales Kino) als »Zentrale« der HJ; Tullastraße 54 für den Stamm Zähringen; Schenkendorffstraße 4 für den Stamm Haslach – heute Teil der Schenkendorff-Schule; Elsässerstraße 6 für den Stamm Mooswald (ehem. Funkerkaserne – heute Wohnhäuser); Mattenstraße 1 für den Stamm St. Georgen; Schwarzwaldstraße 66 für den Stamm Oberwiehre.[25]

Damit war die HJ in allen wesentlichen Freiburger Stadtteilen vertreten – ein entscheidender Vorteil gegenüber den katholischen Jugendgruppen, die mehr und mehr Beschränkungen hinnehmen mussten, so u.a. ein Verbot der Doppelmitgliedschaft in katholischen Verbänden und der HJ oder die Beschränkung, dass Nicht-Mitglieder der HJ nicht Beamte werden durften.

Gegenüber der Stadt konnte die HJ jetzt auftrumpfen. Sie »führte« Freiburgs Jugend und führte sich dementsprechend auf, z.B. als unzuverlässiger Zahler der Nebenkosten für Licht und Heizung der HJ-Heime. Immer wieder musste der Stadtkämmerer Schlatterer die Bezahlung entsprechender Abrechnungen der Heime anmahnen, was die HJ mit dem Hinweis beantwortete, angesichts ihrer besonders wichtigen Jugendarbeit müsse die Stadt ihr diese Kosten erlassen. OB Kerber, der inzwischen das Amt des NSDAP-Kreisleiters an Wilhelm Fritsch abge-

Großkundgbung auf dem Freiburger Münsterplatz

Heute abend 19.30 Uhr spricht

Reichsjugendführer Baldur v. Schirach

auf einer **Großkundgebung** auf dem Freiburger Münsterplatz. Die Volksgenossen von Freiburg und Umgebung bekunden ihre restlose Solidarität mit der **Jugend Adolf Hitlers**. Im Geist der **Einheit der Jugend** marschieren alle Schaffenden Freiburgs.

Keiner fehlt!   **Erscheint in Mässen!**

Bei schlechter Witterung findet die Kundebung in der Städt. Festhalle statt

Ankündigung der Kundgebung mit Baldur v. Schirach am 27. Okt. 1936

geben hatte, zeigte sich wenig gewillt, hierüber öffentlich mit der HJ zu streiten. Stattdessen wurde der Kämmerer jeweils zum Jahresende intern angewiesen, die fehlenden Gelder aus dem Stadtsäckel zu begleichen.

Der unbestrittene Höhepunkt der HJ-Aktivitäten des Jahres 1936 war der Aufenthalt des Reichsjugendführers Baldur von Schirach vom 26. bis 29. Oktober im Rahmen einer HJ-Führertagung im »Jägerhäusle« über der Stadt. Hier konnte und wollte sich auch OB Kerber nicht kleinlich zeigen – hoher Besuch aus Berlin war in Freiburg eher selten. Neben der städtischen Aufforderung, die Stadt zu beflaggen, übernahm die Stadt die wesentlichsten Verpflegungskosten, so dass sich die Gesamtkosten auf rund 1 600 Reichsmark beliefen. Darin enthalten waren auch der »Schwarzwaldkorb mit Wein« und eine Flasche Kirschwasser zu 18 Reichsmark für den Reichsjugendführer persönlich.

Während der Tagung belagerten Mitglieder der HJ das Tagungsgebäude und andere Festivitäten, um von ihrem »Jugendführer« ein Bild mit persönlichem Autogramm zu ergattern.[26] Dieser bedankte sich artig aus Berlin: »Mit der Weinsendung haben Sie uns eine ganz besondere Freude gemacht und wir haben Ihrer beim Probieren herzlich gedacht.«[27] Die am Abend durchgeführte Jugendkundgebung auf dem Münsterplatz mit einer »programmatischen Rede« von Schirachs zielte im Wesentlichen darauf ab, die katholischen Jugendkreise in Freiburg in die HJ hineinzulocken. Die Katholiken hätten Gott »nicht gepachtet«, denn auch die HJ sei durch ihre Fahne und durch ihren Führer mit Gott verbunden. Die »politisierenden Kirchenherren« sollten es nicht zu weit zu treiben, denn sonst würden sie die HJ kennenlernen. Der Kernsatz seiner Rede: »Ich dulde in dieser Jugend keinen, der nicht an Gott glaubt«[28], dürfte aber nur wenige katholische Jugendliche angespornt haben, ins braune Hemd zu wechseln, zumal die Störung der Gottesdienste durch die HJ und die provokativen Kundgebungen auf dem Münsterplatz einen deutlich antireligiösen Charakter trugen, und die Kampagnen der NSDAP gegen die katholische Kirche zu offensichtlich ideologisch verbrämt waren.

122

4. Der neue Bannführer

Verglichen mit dem Jahr 1936 markierte das Jahr 1937 einen weiteren entscheidenden Aufschwung der Freiburger Hitler-Jugend. Sehr schnell musste auch OB Kerber erkennen, dass er mit dem neuen Bannführer der HJ einen Parteigenossen vor sich hatte, der sich kaum mit Hinweisen auf leere Kassen vertrösten ließ, um Freiburgs Jugend vollständig in die HJ einzugliedern. Heinrich Max Georg Bieg – Rufname Heiner Bieg – wurde am 1. April 1912 in Villingen als Sohn von Georg Bieg und Bertha Schneider geboren. Mit dem Umzug der Eltern nach Bad Krozingen im Jahre 1930, wo diese einen Geflügelhof betreiben, begann sein politischer Aufstieg innerhalb der NSDAP, der ihn weit nach oben bringen sollte. Bieg war 1930 in Freiburg in die NSDAP eingetreten und baute nun als »Parteisoldat« eigenständig die Ortsgruppe Bad Krozingen der HJ auf, zunächst als Scharführer. Nach der Machtergreifung, jetzt schon im Range eines Gefolgschaftsführers, erhielt der arbeitslose Bieg – der Geflügelhof seiner Eltern war nach kurzer Zeit Pleite gegangen – nach einigen Aushilfstätigkeiten für seine Verdienste beim Aufbau der HJ in Bad Krozingen die Chance zu einer Karriere innerhalb der Partei als hauptamtlicher Funktionär, die er konsequent nutzte.

Im Januar 1936 wurde er nach Karlsruhe als stellvertretender Personalamtsleiter der HJ, Gebietsführung Baden, berufen. Eine seiner ersten Dienstreisen führte ihn nach Freiburg, wo er zuvor schon

ehrenamtlich als Unterbannführer, zuständig für die Markgräfler HJ, tätig gewesen war. Der Grund dieser Dienstreise war delikater Natur: In der Freiburger HJ-Führung hatte sich ein Personenkarussell in Gang gesetzt, bei dem sich die Bannführer in kurzen Zeitabständen ablösten. Einer war wegen homosexueller Tendenzen abgesetzt, der nächste nach Baden-Baden abberufen worden, der dritte gesundheitlich angeschlagen. Dadurch kam die von der Gauleitung geplante Einführung des HJ-Strei-

Hitlerjungen des Bannes 113 beim Marsch zum Breisacher Münsterberg

123

fendienstes[29] in Freiburg nur zögerlich voran. Bieg erhielt den Auftrag, die Angelegenheit mit OB Kerber zu klären, was ihm gelang. Im April 1937 wurde er als Bannführer der 113er berufen, also zurück in seinen alten Wirkungskreis. Kurz zuvor hatte Bieg erstmals an einer achtwöchigen Wehrmachtsübung teilgenommen. Hier entstand wohl in seinem Kopf die Idee, mit einem Großgeländespiel die Freiburger Jugend in ähnlicher Art und Weise auf den Krieg vorzubereiten.

Geht man allein von dem nur spärlich überlieferten Schriftwechsel zwischen Stadtverwaltung und HJ aus, zeigt sich ein unübersehbarer Unterschied zur HJ-Führung vor Bieg: Der Ton gegenüber der Stadt – insbesondere gegenüber OB Kerber und dem Stadtkämmerer Schlatterer – wurde nun sofort scharf: Die Rolle der HJ sei seitens der Parteigenossen in der Stadtverwaltung bisher nicht genügend gewürdigt worden. Es komme jetzt darauf an, die HJ in Freiburg zur Speerspitze der Jugendrevolution zu machen, die die katholischen Jugendgruppen in die Knie zwinge.

Parallel zu Biegs Aktivitäten inszenierte die NSDAP-Kreisleitung eine Schmutzkampagne gegen die »Pfaffen«, die die HJ mit Märschen vor die Wohnungen des Domkapitels in der Herrenstraße lautstark unterstützte. Ihren Höhepunkt erreichte die Kampagne am 26. August 1938 mit einer Kundgebung vor dem Erzbischöflichen Palais am Münsterplatz, bei der Kreisleiter Fritsch Erzbischof Gröber und Bischof Sproll (der aus der Diözese Rottenburg fliehen musste) öffentlich als »Schweinehunde« und »Lumpen« titulierte, die aus der Stadt entfernt werden müssten. Überliefertes Zitat von Fritsch: »Wenn wir das bisher nicht getan haben, so nicht deshalb, weil uns der Mut fehlte, – um Waschlappen zu vertreiben, braucht man keinen Mut – sondern deshalb, weil wir uns die Finger nicht dreckig machen wollen an solchen Schweinen.«[30]

Bieg und Fritsch vertraten die Meinung, dass der »lasche« OB Kerber und die Stadtverwaltung jetzt ihren Beitrag zu leisten hätten. Bieg hatte als Freiburger Bannführer drei Ziele:

a) Drastische Erhöhung der finanziellen Zuschüsse der Stadt für die HJ-Arbeit. Das erreichte er schnell. Gab die Stadt für die Zeltlager der HJ 1936/37 nur einen Zuschuss von 50 Pfennigen pro Teilnehmer (Kerber: »Das ist nicht Aufgabe der Stadt.«), erhöhte sich dieser Zuschuss bis zum Geländespiel 1938 auf 1,50 Reichsmark pro Person, d.h. dreimal so viel wie vorher.

b) Er drängte darauf, dass feste finanzielle Zuschüsse für die HJ-Heime gegeben werden und nicht nur »gönnerhafte« Entlastungen von den lästigen Nebenkosten wie Strom und Wasser.

c) Einführung der vormilitärischen Ausbildung in der HJ und dem Jungvolk: Mit einem Führererlass im Rücken zwang Bieg OB Kerber, eine Aufstellung aller von ihm benötigten »Kleinigkeiten« für die vormilitärische Ausbildung zu akzeptieren. Die Stadt gab ab 1938 der HJ im Unterschied zu früher aus Jugendpflegemitteln jährlich 12 000 Reichsmark, und zwar vor allem für die Anschaffung von Kleinkalibergewehren plus Munition, Pappkameraden, Wurfkeulen zum Üben des Handgranatenwerfens, Zielscheiben, Schießkästen etc. Diese »Jugendpflegemittel« aus dem Stadtsäckel erhöhten sich zwischen 1937 und 1940 von Null auf hundert Prozent.

d) Bieg nutzte als erster Bannführer konsequent seine Beziehungen zur örtlichen Industrie und zum

Handwerk, um Gelder und Material für seine Vorhaben zu erhalten. Sein größter Coup gelang ihm mit dem Großgeländespiel im Juli 1938, zu dem die örtliche Industrie und das Handwerk 10 000 Tafeln Schokolade, 10 000 Pack Zwieback, große Mengen von Würsten, ganze Speckseiten und als krönenden Abschluss einen Ochsen mit 18 Zentnern Lebendgewicht beisteuerten. Darüber hinaus gelang es ihm, hochrangige Industrielle zur Mitarbeit im »Hohen Generalstab« zu gewinnen.

e) Bieg organisierte mit der HJ im Stadtgebiet das flächendeckende Anbringen der sog. »Stürmerkästen« – Tafeln mit den aktuellen Ausgaben des »Stürmer«, einem der übelsten Hetzblätter gegen Juden und die Kirchen. Die letzte feierliche Stürmerkastenanbringung geschah Ende 1937 am Gebäude der Mädchenarbeitsschule an der alten Stadtmauer. [31]

OB Kerber hatte diesem massiven Druck wenig entgegenzusetzen – außer dass er sich bei den jetzt fast wöchentlich stattfindenden Aufmärschen, Appellen und Sportfesten, die Bieg organisierte, fast nie persönlich sehen ließ, sondern durch Bürgermeister Hofner oder Stadtkämmerer Schlatterer vertreten ließ.

Am 2. September 1939 gab Bieg vorübergehend die HJ-Führung ab, da er zur Wehrmacht einrückte. Am 1. Oktober 1939 wurde er Unteroffizier und nahm – das waren seine einzigen eigenen militärischen Leistungen – bis zum 3. März 1941 am Frankreichfeldzug teil. Im April 1941 wurde er auf eigenen Antrag von der Wehrmacht beurlaubt, um den HJ-Bann Freiburg weiterzuführen, allerdings nur für kurze Zeit. Im November 1941 überquerte er die Schweizer Grenze mit dem Auftrag, als Angestellter

Im »Großen Hauptquartier« (Heiner Bieg, Bildmitte)

des Generalkonsulates Zürich im Auftrag der Reichsjugendführung in Berlin »jugendpolitisch dringende Aufgaben« in der Schweiz anzupacken. Er setzte seine Parteikarriere fort als designierter Oberbannführer der HJ und Leiter der »Reichsdeutschen Jugend in der Schweiz« – einer der zahlreichen Auslandsorganisationen der HJ im westlichen Ausland. Seine Ziele gegenüber der »spießigen« Stadtverwaltung Freiburgs hatte er im Wesentlichen erreicht. Freiburgs Jugend (hauptsächlich die Jahrgänge 1921 bis 1923) hatte er binnen kurzer Zeit auf einen Krieg vorbereitet, aus dem über 5000 meist junge Freiburger, Kaiserstühler und Schwarzwälder nicht zurückkehrten. Er selbst konnte den von ihm mit vorbereiteten Krieg von der Sonnenterrasse der neutralen Schweiz aus beobachten, ohne selbst persönlich beteiligt zu sein.

5. Erst die Fehde – dann der Krieg

Vier Monate nach dem Geländespiel – am Morgen des 10. November 1938 – brannte die Freiburger Synagoge am Werderring gegenüber der damaligen Rotteck-Oberrealschule (heute Universitätsbibliothek). Die Leiter der Aktionen der Freiburger Pogromnacht waren der SS-Standartenführer Walter Gunst und der SA-Brigadeführer Joachim Weist, beides Mitglieder des »Hohen Generalstabs« des Großgeländespiels vom Sommer 1938. Von ihren Klassenzimmern aus konnten die Schüler der Rotteck-Oberrealschule beobachten, dass niemand Löschversuche unternahm. Inwieweit die HJ an der Brandstiftung, an der Plünderung von noch vorhandenen jüdischen Geschäften und Banken in der Innenstadt beteiligt war, bleibt unklar – die Akten sind entweder verbrannt oder beiseite geschafft worden.

Die Säuberungsmaßnahmen gegen den »jüdisch-bolschewistischen Weltfeind« wurden jedoch auch in Freiburg verstärkt. Über hundert Freiburger Juden transportierte man in den folgenden Tagen in das KZ Dachau ab. Darüber hinaus hatte die jüdische Gemeinde für den Abbruch der Synagogenruine aufzukommen. Der Bauschutt wurde für die Verbreiterung der Strasse nach Haslach weiterverwendet und wer nicht wegsah, konnte die Gesetzestafeln Moses mit den hebräischen Inschriften aus der Synagoge im Straßengraben Richtung Haslach

betrachten.[32] Weitere Sanktionen wie Berufsbeschränkungen, höhere steuerliche Belastungen, Anmeldepflicht für jüdische Vermögen, Kennzeichnungspflicht für jüdische Gewerbetreibende, endgültiger Ausschluss von Gemeinschaftseinrichtungen und die Halbierung der Butterration wurden verhängt. Schon am 15. August 1938 hatte sich der NSDAP-Kreisleiter Fritsch bei OB Kerber darüber beschwert, dass im städtischen Marienbad Juden verkehrten und gefordert, ihnen den Zutritt zu verweigern. Am 7. Oktober 1938 wurde das Marienbad mit dem Schild versehen: »Juden ist der Zutritt zu den Schwimmbädern verboten.« Einen Schritt weiter ging man im Colombi-Park, wo ein Hinweisschild angebracht wurde: »Hunden und Juden ist das Betreten verboten.«[33] Besonders demütigend war der Kennkartenzwang mit dem Eindruck eines großen »J«. Dieser »Judenstempel« ging auf einen Vorschlag der Schweizer Regierung zurück, da man damit an der Schweizer Grenze Deutsche und Juden besser unterscheiden konnte und jene Juden, die um politisches Asyl nachsuchten, leichter zurückschicken konnte.[34] Dem selben Zweck diente der jedem Deutschen jüdischer Abstammung verordnete zusätzliche Vorname »Sara« (für Frauen) oder »Israel« (für Männer). Am 22. Oktober 1940 wurden die letzten 360 jüdischen Mitbürger Freiburgs verhaftet und in das KZ Gurs in den Pyrenäen deportiert. Von ehemals rund 1 200 jüdischen Freiburger Bürgern (1933) blieb nach Kriegsende keiner mehr übrig.

Ungeachtet dieser Ereignisse, die das Jahr 1938 abschlossen, plante die HJ für den Sommer 1939 eine zehntägige Sommerfahrt in die jetzt deutsche Ostmark unter Führung österreichischer Bergführer. Kurz zuvor, am 19. Mai 1939, war Hitler in den Breisgau gekommen. Er besichtigte nahe der Burg Sponeck am Kaiserstuhl einen Teil der Bunker und Befestigungen, die als Westwall von der Organisation Todt (O. T.) für die »Verteidigung der Heimat« gebaut worden waren. Für einen Aufenthalt im (ungeliebten) Freiburg blieb nur ein kurzer Zwischenstopp auf dem Hauptbahnhof. Aber selbst unangekündigt brachte der »Führer« die Volksgenossen auf die Straße: Das Gedränge vor dem Hauptbahnhof war so groß, dass SA-Männer ihre Schulterriemen benutzten, um damit auf Freiburger einzuschlagen, die Hitler sehen wollten. Dass diesem derartiges zutiefst missfiel, geht aus einem entsprechenden Aktenvermerk der Führeradjutantur hervor.[35]

Für die meisten Freiburger Jugendlichen kam der Kriegsausbruch am 1. September 1939 nicht völlig überraschend. Für den Ernstfall war man lange genug vorbereitet worden. Der verlockenden Möglichkeit, durch ein »Notabitur« der lästigen Abschlussprüfung zu entgehen, indem man sich freiwillig zur Wehrmacht meldete, konnten nur wenige widerstehen, und wenn, dann hauptsächlich unter dem Druck ihrer Eltern. Doch schon nach wenigen Monaten zeigte sich, dass die Befürchtungen Andersdenkender berechtigt gewesen waren. Die Liste der Todesanzeigen für Gefallene unter den Zwanzig- bis Fünfundzwanzigjährigen wurde immer länger. Ab Mitte 1944 – der Krieg hatte alle Dimensionen überschritten – druckte der »Alemanne« wegen angeblichen Papiermangels überhaupt keine Todesanzeigen mehr ab. Nach dem verheerenden Bombenangriff vom 27. November 1944 hatte die HJ in der Stadt einen schweren Stand. Die

Einbeziehung Freiburgs in die Kriegswirtschaft, die zunehmenden Wohnungs- und Versorgungsprobleme hatten großen Unmut gegen die nationalsozialistischen Organisationen in der Bevölkerung reifen lassen. Auch OB Dr. Franz Kerber musste einen letzten Kampf gegen die ungeliebte HJ ausfechten. Er wollte die Kinder des Freiburger Waisenhauses, die ihr Heim verloren hatten und unter Unterernährung und Mängeln jeder Art litten, auf dem Schauinsland im Haus »Luginsland« einquartieren. Das Haus hatte allerdings die Freiburger HJ bereits requiriert. OB Kerber, der ein ganzes Jahrzehnt lang die HJ unterstützt, gefördert und aus dem Stadtsäckel finanziert hatte, rechnete nun mit einer großzügigen Geste der HJ für die unschuldigsten Opfer dieser Bombennacht. Er musste allerdings erleben, dass der vorläufige HJ-Bannführer, Volke, dieses Ansinnen kategorisch ablehnte. Nach dem Motto: »Was die HJ hat, gibt sie nicht mehr her«, weigerte sich die Führung, auch nur die Idee zu diskutieren, das Haus Luginsland als vorläufiges Refugium für die Waisenkinder zur Verfügung zu stellen. Kerber war über diese schroffe Ablehnung so verbittert, dass es zu einem offenen Schlagabtausch mit dem HJ-Obergebietsführer Kemper in Karlsruhe kam. Dessen Beschwörungen der Begriffe von Ehre, Treue und Kameradschaft konnte Kerber nicht mehr nachvollziehen. Er erklärte, dass niemand seitens der Nationalsozialisten der Stadtverwaltung geholfen habe, die schlimmsten Folgen des Luftangriffes zu beseitigen. Weder seitens der HJ, der Partei, der Wehrmacht, des Reichsarbeitsdienstes noch sonstiger übergeordneter Stellen habe man ihm für seine Arbeit gedankt. Kerber fühlte sich allein gelassen. Er drückte seine Bitterkeit darüber aus, dass er

Bernd Hainmüller

6. Oberbannführer Bieg holt das letzte »Kanonenfutter« für den Krieg aus der Schweiz

»So zogen wir in den für uns so ruhmreichen ›Krieg‹«

ein Jahrzehnt lang alles getan habe, diese Gliederungen zu unterstützen, ohne jetzt irgendeinen Dank zu ernten.[36] Dieser Brief war der Abgesang eines gescheiterten Oberbürgermeisters, der sich nie zwischen den Interessen der Stadt und der Partei hatte entscheiden können. Er hat auch nicht verhindert, dass noch am 23. März 1945 die letzten Freiburger Jugendlichen in die HJ überführt wurden. Es gab allerdings keine Aufmärsche, keine Trommelwirbel, keine Fahnensprüche mehr. Die Meldung war dem »Alemannen« ganze zehn Zeilen wert. Vier Wochen später erschien die letzte Ausgabe dieses Blattes. Am 21. April 1945 wurde auf dieser letzten Seite gemeldet, dass sich die dem Volkssturm eingegliederte Hitler-Jugend im Kampf gegen den von Norden eindringenden Feind »vorbildlich« und »heldenhaft« geschlagen habe. Noch einmal verblutete die »Speerspitze der Jugend« in einem sinnlosen Kampf. Aber die Akte »Drittes Reich« wurde endgültig geschlossen. Am frühen Nachmittag des selben Tages rollten die ersten französischen Panzer in die Innenstadt. Das »tausendjährige Reich« war vorbei.

Am Sonntag, den 19. Juli 1942, gegen 12 Uhr herrschte auf dem Freiburger Hauptbahnhof großes Gedränge. Viele »Volksgenossen« wollten den um 12.08 Uhr erwarteten Sonderzug aus Basel sehen, der ungewohnte Gäste in die Schwarzwaldhauptstadt brachte: 1 275 »reichsdeutsche Jugendliche« aus der ganzen Schweiz, die die nächsten vierzehn Tage das »Wilhelm-Gustloff-Gedächtnislager« im Universitätsstadion und auf dem Gelände der FT 1844 bevölkern würden. Es war das größte auslandsdeutsche Lager der HJ, das in diesem dritten Kriegsjahr im Reichsgebiet stattfand. Nur Wenigen hat sich damals der Zweck enthüllt, den dieses Lager hatte und für das die Stadt eine hohe Summe aus dem schon kriegsbedingt kargen Stadtsäckel aufwenden musste.

128

Wilhelm Gustloff hatte schon 1930 in Davos die erste Schweizer Ortsgruppe der NSDAP gegründet, 1932 wurde er Landesgruppenleiter der NSDAP in der Schweiz. Sein Ziel: Möglichst viele in der Schweiz lebende »Reichsdeutsche« für den Nationalsozialismus zu gewinnen und gemeinsam mit der schweizerischen »Nationalen Front« Stimmung für den Anschluss der Schweizer »Blutsbrüder« an das Reich zu machen. Am 4. Februar 1936 wurde Gustloff von David Frankfurter, einem 25jährigen jüdischen Medizinstudenten, ermordet. Hitler, ein Duzfreund Gustloffs, ließ den Sarg in einem Sonderzug quer durch Deutschland nach Schwerin bringen, wo eine pompöse Trauerfeier stattfand. Die Namensgebung des Lagers 1942 in Freiburg war also kein Zufall. Auch der Aufenthalt einer derart großen Zahl von Jugendlichen in Freiburg, deren Eltern in der Schweiz lebten, war etwas ganz anderes als ein normaler Ferienaufenthalt.

In den Jahren zwischen 1933 und 1938 war die Saat der Arbeit Gustloffs in der Schweiz aufgegangen. Im deutschsprachigen Teil der Schweiz lebte eine deutsche »Kolonie« von etwa 72 000 deutschen Staatsangehörigen, von denen die alliierten Geheimdienste rund 44 000 als eindeutige Nazi-Sympathisanten einstufte. Ende 1938 waren in den 45 NSDAP-Ortsgruppen in der Schweiz rund 30 000 Parteimitglieder registriert. Ihr Zentrum hatte die Partei im »Braunen Haus«, dem Hotel Savoy in Davos. Gelenkt wurde die Arbeit im Wesentlichen über die deutsche Botschaft in Bern, wo die Nazi-Funktionäre als »Diplomaten« ausgewiesen waren, um Schwierigkeiten zu umgehen.

Da der »Patengau« der Reichsdeutschen Jugend (RDJ) in der Schweiz die HJ - Südbaden war, waren enge Verbindungen zwischen Freiburg, Basel und Davos bereits vorhanden. Diese verstärkten sich noch, als der Freiburger Bannführer der Hitler-Jugend, Heinrich Bieg, im November 1941 in die Auslandsabteilung der Reichsjugendführung berufen und als Oberbannführer Landesjugendführer der Reichsdeutschen Jugend in der Schweiz wurde. Biegs Aufgabe: Kanonenfutter unter den Jugendlichen der Reichsdeutschen für die Wehrmacht anzuwerben. Dies ging am besten dadurch, dass man ihnen das Reich und seine kriegs- und führerbegeisterte Bevölkerung vorführte. Daher die Reise so vieler Jugendlicher aus allen Teilen der Schweiz in das Freiburger Lager.

»All die Jungen und Mädels werden, wenn sie wieder zurückkehren, ihren Eltern, Brüdern und Schwestern ein Bild geben können, mit welcher Kraft das deutsche Volk dasteht und mit welch ungeheurem Willen es dem Endsiege entgegensieht.«[37] Mit diesen Worten hatte beim ersten Lagerappell der Jugendführer der Auslandsorganisationen der HJ, Antoni, das Ziel des Gustloff-Lagers klar umrissen. »Blumengeschmückt in Freiburg eingerückt«, betitelte die Freiburger Zeitung vom 20. Juli 1942 ihre Stadtseite. In der Tat hatte das Gartenamt der Stadt Freiburg unter der Leitung des Direktors Robert Schimpf ganze Arbeit geleistet. Am Lagereingang an der Schwarzwaldstraße war ein hölzernes Siegestor errichtet worden. 58 Großzelte für das Jungenlager und 52 Zelte für das Mädchenlager standen bereit, Gulaschkanonen für das Essen und Waschgelegenheiten – alles von der Stadt finanziert in einer Zeit, wo der »normale Freiburger« schon froh war, wenn die Lebensmittelrationierung in dieser Kriegszeit halbwegs funktionierte.

Am Sonntag, den 19. Juli fand vor großer Kulisse unter dem extra errichteten Gustloff-Mahnmal die Lagereröffnung statt. Die folgenden zwei Wochen waren stramm verplant: Eine Stadtbesichtigung, eine Festveranstaltung im Stadttheater mit der Aufführung des »Fliegenden Holländers«, ein Abend mit dem Heimatdichter Hermann Burte, Geländesportübungen, weltanschauliche Schulungen jeden Nachmittag, ein Heimatabend (organisiert vom BdM) und einiges mehr. Den propagandistischen Höhepunkt bildete der Besuch hochrangiger Mitglieder der Reichsjugendführung am Freitag, den 24. Juli 1942.

Es war Bieg gelungen, den Nachfolger Baldur von Schirachs, Arthur Axmann, nach Freiburg zu holen, der den »Lagerappell« abnahm. Zu seiner Delegation gehörten neben dem deutschen Botschafter in der Schweiz, Dr. Köcher, der Gauleiter der NSDAP-Auslandsorganisationen, Erich Bohle, der Landesgruppenleiter in der Schweiz, Freiherr von Bibra, und ca. 20 weitere Kreisinspekteure und Hoheitsträger konsularischer Vertretungen. Nachdem diese Delegation den Lagerappell abgenommen hatte, richtete die Stadt einen Empfang auf ihre Kosten für die NS-Prominenz und geladene Freiburger Gäste im »Römischen Kaiser« aus – eine mehr als spendable Geste in Kriegszeiten! Selbst das wurde der Stadt seitens der Lagerleitung nicht gedankt: Als der Stadtrat zwei Tage eine Lagerbesichtigung vornehmen wollte, war es leer, weil alle Teilnehmer »im Gelände« waren. Man hatte den Termin schlichtweg vergessen. Das Freiburger Lager erregte aus drei Gründen internationales Aufsehen:

a) Der Auslandspresse erschien es unglaublich, dass die Schweiz die Ausreise und die Wiedereinreise von 1 300 »Reichsdeutschen« erlaubte, zu einem Zeitpunkt, an dem alle europäischen Flüchtlinge, die versuchten, vor den Nazis in der Schweiz Zuflucht zu suchen, rigoros zurückgewiesen und der Gestapo überstellt wurden.

b) Der Schweizer Presse missfiel, dass im Lager massive Hetzreden gegen die Schweiz gehalten wurden. Hauptredner der Abschlussveranstaltung war Hermann Burte, der alemannische Blut- und Bodendichter, der u.a. formulierte: »Wir werben, wenn wir wissen, dass sie unsere Sprache sprechen, dass sie unseres Blutes sind. Wir werben um ihre Liebe, selbst, wenn sie verschmäht wird. Aber die große Mutter Germania will auch ihren unartigen Kindern nachgehen, will auch die verlorenen Söhne zu sich zurückholen. Freilich, in Deutschland lebt man nicht behaglich! Dort hat der weltentbrannte Krieg jeden Menschen bis ins Innerste erfasst. Opfermütig, einsatzbereit, leidgeprüft, so wartet Deutschland, dass man sich zu ihm bekennen müsste, wenn man seinem Stamme angehört. Die das aber wissen und fühlen, die offenbaren den wesenhaften Zug des deutschen Menschen, den es dorthin zieht, wo die Gefahr ist, der Kampf, der Sieg...«[38]

c) Der Regierung in Bern missfiel, dass erstmals öffentlich deutlich geworden war, dass die »neutrale Schweiz« so gut wie nichts gegen die Braunhemden im eigenen Land unternahm. Auszunehmen davon ist der sozialdemokratisch geführte Kanton Basel, der sich überlegte, ob man den 1 300 Jugendlichen die Wiedereinreise nicht verwehren sollte. Um diplomatische Verwicklungen mit dem Reich zu vermeiden, verzichtete man auf diese Maßnahme. Für den Führer der Reichsdeutschen Jugend in der Schweiz, Bieg, war das Freiburger Lager der Höhepunkt seines Wirkens. »Galten die vergangenen Jahre der Schaffung der Organisation als solcher, so ist es nunmehr unsere Aufgabe, in diesem Jahr die Erfassung der in der Schweiz lebenden reichsdeutschen Jugendlichen hundertprozentig durchzuführen«,[39] hieß es im internen Befehlsblatt der RDJ vom Januar 1942.

Wie in Freiburgs HJ überzog Bieg die Reichsdeutsche Jugend mit einem dichten Netz an Aktivitäten: Heimabende, Schulungen, Singen, sportliche Ausbildung und Großveranstaltungen, wie z.B. ein RDJ-Leichtathletik-Sportfest im Züricher Förrlebuck-Stadion, wo Anfang Juli 1942 vor 14 000 Zuschauern der Aufmarsch von 2 000 reichsdeutschen Jugendlichen und 680 italienischen Jugendlichen stattfand.

Mit der Organisation des Gustloff-Gedächtnis-Lagers in Freiburg war er dieser Aufgabe der Erfassung, Schulung und Werbung für den Dienst in der Wehrmacht als Kriegsfreiwillige im Reich ein großes Stück nähergekommen. Er bekam dafür ein für damalige Verhältnisse fürstliches Gehalt, im Monat 2 050 Schweizer Franken. Freilich leistete er auch »Schwerstarbeit«. 1946 stellte ein Untersuchungsbericht des Regierungsrates des Kantons Basel fest, dass ab Ende 1941 die Militarisierung der RDJ zunahm. Das war genau der Zeitpunkt, zu dem Bieg seinen Dienst in der Schweiz antrat. Es ging wie in Freiburg beim Militärmanöver 1938 um das »Scharfmachen der Jugendlichen«.

Der Regierungsbericht führte aus: »Junge Deutsche, die in der Schweiz aufgewachsen waren, führten sich wie ausgewachsene Obersturmführer der SS auf. Bei den Kommandos trat jenes »Zackige« und »Eckige« in Reinkultur hervor, das von den angehenden Füh-

Das Wilhelm-Gustloff-Mahnmal über dem Freiburger Sommerlager

rern der Hitlerschen Stammtruppe verlangt wurde. Außer militärischem Vorunterricht mit Ausmärschen und Geländeübungen fehlte es selbstverständlich auch nicht an der weltanschaulichen Beeinflussung.«[40]

Wie ein Hohn muss es auf die in die Schweiz geflüchteten Juden aus aller Herren Länder gewirkt haben, dass sie nun auf neutralem Boden erneut ihren Peinigern in Marschkolonnen auf der Straße begegnen konnten. Nur das Tragen von HJ-Uniformen in der Öffentlichkeit war verboten – das Tragen des schwarzen Leibgurtes mit dem Koppelschloss mit der Aufschrift »Blut und Ehre« zur schwarzen Hose und dem weißen Hemd in geschlossenen Räumen bei Anlässen der RDJ hingegen nicht.

In den Jahren von 1942 bis 1944 meldete sich eine große Anzahl von männlichen RDJ-Jugendlichen

Friedhelm Kemper bei einer »Fahnenweihe«, 1938

freiwillig für die SS und Wehrmacht ins Reichsgebiet zurück. Allein ihre Zahl war so groß, dass eine spezielle Einheit der Waffen-SS und ein SS-Bataillon gebildet werden konnte.[41]

Das Freiburger Wilhelm-Gustloff-Lager im Juli 1942 markierte zweifellos einen Höhepunkt der Infiltration der Schweiz durch die Nationalsozialisten. Neben der Frage, warum die Schweiz diesem Treiben tatenlos zusah, obwohl ersichtlich war, dass die Nazis unter den Augen der Welt in einem neutralen Land junges Kanonenfutter für ihren sinnlosen Krieg organisierten, bleibt die Feststellung, dass auch die Stadt Freiburg dieses Ziel mit der massiven Unterstützung für das Lager gebilligt hat. Wieviele Jugendliche dem »Heim ins Reich«-Geschrei gefolgt sind und dies mit ihrem Leben bezahlten, wissen wir nicht. Aber jeder einzelne war einer zuviel. Erst sehr spät, nachdem Nazideutschland im Mai 1945 kapituliert hatte, schien der Schweizer Bundesanwaltschaft gedämmert zu haben, welchen Zweck das Riesenlager in Freiburg gehabt hatte. Am 15. Mai 1945, eine Woche nach der deutschen Kapitulation, wurde in den Räumen der RDJ eine Hausdurchsuchung durchgeführt und Heinrich Bieg durch die Sicherheitspolizei Bern verhört. Gefunden wurde diplomatisches Kuriergut in Form von 14 000 HJ-Achselklappen mit der Kennzeichnung der RDJ, die, laut Vermutung der Schweizer Bundesanwaltschaft, dazu gedient hätten, bei einem deutschen Überfall auf die Schweiz die »Reichsdeutschen« einigermaßen zu uniformieren und kenntlich zu machen. Infolge des Verdachtes, im Falle eines Überfalls auf die Schweiz eine herausragende Rolle gespielt und diese vorbereitet zu haben, wurde Bieg als unerwünschter Ausländer gemeinsam mit 3 000 deutschen Gesinnungsgenossen aus der Schweiz ausgewiesen und am 10. Juli 1945 über die Grenze Basel-Riehen den französischen Besatzungsbehörden übergeben. Bieg saß von 1945 bis 1948 dreieinhalb Jahre in der Idingerstr. 1 in Freiburg im Konzentrationslager – sein Zellengenosse war der spätere Arbeitgeberpräsident Hanns-Martin Schleyer. Am 30. August 1987 starb Bieg in Freiburg. ☞

Anmerkungen

1 Geschichte der Stadt Freiburg im Breisgau. Bd. 3: Von der badischen Herrschaft bis zur Gegenwart. Hrsg. von Heiko Haumann und Hans Schadek. Stuttgart 1992.

2 Bechtold, Gretel: Ein deutsches Kindertagebuch in Bildern. 1933 - 1945. Freiburg im Breisgau 1997; Huber, Hans Friedel: Erinnerungen an eine Freiburger Kindheit im Kriege. Die erste Zeit. Freiburg 1984.

3 »Es zittern die morschen Knochen«; Regisseur: Peter Adler, Länge 30 Minuten; Erstausstrahlung am 25. 7. 1998 in Südwest 3 Landesschau unterwegs, erhältlich bei der Media GmbH des SWR, 76522 Baden-Baden.

4 Hainmüller, Bernd: Erst die Fehde – dann der Krieg. Jugend unterm Hakenkreuz. Freiburg 1998.

5 Vordtriede, Käthe: »Es gibt Zeiten, in denen man welkt.« Mein Leben in Deutschland vor und nach 1933. Hrsg. und mit einem Nachwort versehen von Detlef Garz. Lengwil/CH 1999; Vordtriede, Käthe: »Mir ist es noch wie ein Traum, dass mir diese abenteuerliche Flucht gelang«. Briefe nach 1933 aus Freiburg im Breisgau, Frauenfeld und New York an ihren Sohn Werner. Lengwil/CH 1998.

6 »Fehde ist angesagt – 1 100 marschieren«. Erlebnisberichte der Hitler-Jugend des Bannes 113. Hrsg. von der Pressestelle des Bannes 113 Freiburg (Pressestellenleiter Hans Joachim Köhler). Freiburg 1938. (Damalige Auflage 5000 Exemplare). S. 27.

7 ebda. S. 24.

8 ebda. S. 26.

9 ebda. S. 10.

10 ebda. S. 6.

11 ebda. S. 20.

12 ebda. S. 6.

13 Friedhelm Kemper, geb. am 24. 11. 1906 in Pyritz, ab 1926 Reichsredner der NSDAP, ab 1930 Kreisleiter der NSDAP in Mannheim, ab 1931 Führer der HJ in Baden; ab 12. 11. 1933 Mitglied des Reichstages, Wahlkreis Baden; 1943 zum HJ-Obergebietsführer in Baden ernannt.

14 Fehde ist angesagt (Anm. 6), S. 6.

15 ebda., S. 8.

16 Führerdienst. Lagerausgabe 1938 des Gau Baden. Nur zum internen Dienstgebrauch. S. 4.

17 Fehde ist angesagt (Anm. 6), S. 7.

18 Führerdienst (Anm.16).

19 Führerdienst (Anm. 16), S. 14.

20 Fehde ist angesagt (Anm. 6), S. 33.

21 Brief von Dr. Hans Kiskalt, Baden-Baden, an den Verfasser, 5. 8. 1998.

22 Geschichte der Stadt Freiburg, Bd. 3 (Anm. 1), S. 343 ff.

23 Der Alemanne, Zeitung der NSDAP Freiburg, 17. Juni 1933, S. 6.

24 Brief von Dr. Hans Kiskalt (Anm. 21). Zur Geschichte von Fritz Kölli (1900-1942), s. auch Rübsam, Dagmar / Schadek, Hans (Hrsg.): Der Freiburger Kreis. Widerstand und Nachkriegsplanung 1933- 1945. Katalog einer Ausstellung. Freiburg 1989. S. 39 ff.

25 StadtAF, C4, II,6. Nr. 6.

26 Tagebuchaufzeichnung von Käthe von Lüpke-Bahlke, 28. 10. 1936, unveröff. Ms.

27 StadtAF, C4, II/4, Nr. 1.

28 Der Alemanne. Nr. 294 vom 28. 10. 1936. S. 3.

29 Der HJ-Streifendienst war eine Art Jugendpolizei und arbeitete deshalb eng mit der SS und der Polizei zusammen. Die Ausbildung der »Jugendpolizisten« übernahm die SS. Zu den Aufgaben des Streifendienstes gehörte die Überprüfung der vorschriftsmäßigen Uniform der HJ-Angehörigen bei öffentlichen Veranstaltungen, die Kontrolle von Landstraßen und Wanderwegen per Fahrrad, das Aufspüren und Melden von als vermisst gemeldeten Jugendlichen (Ausreißern). Während des Krieges kam die Aufgabe dazu zu kontrollieren, dass sich nach Einbruch der Dunkelheit keine Jugendlichen auf der Straße aufhielten.

30 Keller, Erwin: Conrad Gröber. Erzbischof in schwerer Zeit. Freiburg 1981. S. 211.

31 Vordtriede, Es gibt Zeiten (Anm. 5), S. 182 ff.

32 ebda., S. 198.

33 ebda., S. 177.

34 Verhandlungspartner aufseiten des Deutschen Reiches war der deutsche Gesandte in der Schweiz, Dr. Kröcher, der 1942 auf Einladung von Heiner Bieg das Freiburger »Wilhelm-Gustloff-Gedächtnis-Lager« inspizierte.

35 Heiber, Helmut/Heiber, Beatrice: Die Rückseite des Hakenkreuzes. München 1993. S. 61.

36 StadtAF, C4, II/4, Nr. 1.

37 FZ, Nr. 198 vom 20. 7. 1942.

38 Der Alemanne, Nr. 207 vom 29. 7. 1942.

39 Rapport in Sachen Schweiz. Bundesanwaltschaft, Polizeidienst gegen Bieg, Heinrich, Sicherheits- und Kriminalpolizei der Stadt Bern vom 17. 5. 1945 mit Anlagen.

40 Bericht des Regierungsrates über die Abwehr staatsfeindlicher Umtriebe in den Vorkriegs- und Kriegsjahren, sowie die Säuberungsaktion nach Kriegsschluss, dem großen Rat des Kantons Basel vorgelegt am 4. 7. 1946. S. 50.

41 Bower, Tom: Das Gold der Juden. Die Schweiz und die verschwundenen Nazi-Milliarden, München 1997. S. 54.

Freiburg in Trümmern

1945/46

1947

1945/46

Bild oben und unten: 1945/46

135

Spielen, wo's gefällt.
Die 50er und 60er Jahre.[1]

Hartmut Zoche

Zu Beginn der 1950er Jahre war das Leben auch in Freiburg noch vielfach durch die Folgen des Zweiten Weltkriegs geprägt. Immerhin war allein nach der Bombennacht vom 27. November 1944 ein Drittel der Wohnungen in der Stadt unbewohnbar.[2] Nachdem mit dem Einmarsch französischer Truppen am 21. April 1945 der Krieg für Freiburg zu Ende war, galt es zunächst die Nahrungsversorgung der in der Stadt verbliebenen Bevölkerung zu sichern und die Wohnungsnot wenigstens zu lindern. Diese Bemühungen wurden anfangs durch Beschlagnahmen der französischen Militärregierung und durch die Rückkehr der vor den Bomben Geflohenen sowie der Evakuierten erschwert. Und als sich die Situation bereits etwas gebessert hatte, führte der bislang ferngehaltene Zustrom von Flüchtlingen und Vertriebenen aus dem Osten erneut zu beengten Verhältnissen.

Junge Paare fanden in den ersten Nachkriegsjahren kaum eine eigene Wohnung, sondern waren häufig gezwungen, auch mit kleinen Kinder bei Eltern oder Verwandten zu logieren. Aber auch neue Wohnungen fielen nach heutigen Maßstäben eher eng aus. Dennoch war die Beschränkung auf ein einziges Kind nicht die Regel[3], oft genug teilten sich zwei bis drei Geschwister den knappen Platz. Unter diesen Umständen hielten sich die meisten Kinder, wenn sie nicht im Kindergarten oder in der Schule waren und die Witterung es irgend zuließ, im Freien auf. Nur in den günstigsten Fällen hatte die Familie einen Garten am Haus, wo es dann vor allem für die Kleinsten einen Sandhaufen gab und an der Wäschestange eine Schaukel aufgehängt werden konnte. Das war manchmal auch in den Höfen hinter oder zwischen Mietshäusern möglich. Häufig reichte aber dort der Platz für eine größere Schar nicht aus und damals kam schnell ein Dutzend Kinder zusammen. Bis zum Alter von etwa zwölf Jahren war nämlich eine grundsätzliche Abgrenzung von Buben und Mädchen selten und die älteren ließen auch jüngere Geschwister und Nachbarskinder mitmachen. Das nächstgelegene Spielfeld war dann ganz einfach die Straße.

Dabei brauchten sich die Kinder angesichts des geringen Verkehrs nur in wenigen Fällen auf den Bürgersteig zu beschränken. Während 1997 im Stadtkreis Freiburg statistisch auf 1 000 Einwohner 489 Kraftfahrzeuge aller Art, darunter 417 Pkw, entfielen, rechnete man 1953 auf 10 000 Einwohner 416 Pkw und 441 Motorräder, insgesamt aber nur 998 Kraftfahrzeuge.[4] Auch die Verkehrsbelastung Freiburgs durch motorisierte Pendler und Besucher war wesentlich geringer. Und schließlich

links:
1960

rechts:
50er Jahre

werden heute, im Gegensatz zu den 1950er Jahren, die öffentlichen Flächen auch durch den so genannten ruhenden Verkehr stark in Anspruch genommen. Parkende Autos beanspruchen aber nicht nur Platz, sondern sie machen eine Straße auch unübersichtlich und erhöhen damit das Gefahrenpotential gerade für Kinder erheblich.

Während damals beispielsweise in der Stefan-Meier-Straße die Kinder nicht nur den Bahndamm hinter den Wohnhäusern westlich der Straße, sondern durchaus auch das Gelände um eine kleine Gärtnerei auf der anderen Seite als ihr Terrain ansahen, ist heute die immer noch vergleichsweise schmale Fahrbahn mit ihrem hohen Verkehrsaufkommen eine klare Grenze und dies umso mehr, als östlich davon kein Platz mehr zum Spielen einlädt: hier steht nun das Rechenzentrum der Universität. Kaum vorstellbar erscheint heute auch, dass Kinder

früher nicht nur auf der Falkensteinstraße, sondern auch auf der Schwarzwaldstraße herumrannten, weil es ja höchstens ein paar Mopeds zu beachten gab. Auch auf der Komturstraße beispielsweise trieben sich die Kinder herum, weil die Grünflächen zwischen den Häusern nicht betreten werden durften. In der Innenstadt reizten vor allem die Bächle zu Eingriffen, die von Erwachsenen oft nicht gern gesehen wurden. Geradezu ideale Spielstraßen bot natürlich ein Viertel wie die Haslacher Gartenstadt solange dort noch kaum Autos parkten. Über ähnlich günstige Bedingungen konnten sich die Kinder etwa auch in der Mooswaldsiedlung freuen und in dem noch ländlichen Betzenhausen gehörten ihnen die Straßen ohnehin.

Auf dem mehr oder minder glatten Asphalt ließen sich leicht die Felder für Hüpf- und Ballspiele aufmalen, man hatte Platz zum Fangen, für »Wer hat

Hartmut Zoche

50er Jahre

Ständiger Begleiter vieler Kinder war das Säckchen mit den Ribblingen (Murmeln). Damit spielten sie überall und in zahllosen Varianten. Als das Federballspielen aufkam, war es bald bei fast allen beliebt. Die Buben allerdings begeisterten sich weiterhin vor allem für Fußball. Das ging auf der Straße und in den Höfen jedoch nicht so gut. Vom Verkehr abgesehen, gerieten andere Kinder leicht dazwischen und man riskierte Ärger wegen kaputter Fensterscheiben oder weil sich Anwohner über Lärm beschwerten. Das kam freilich auch wegen anderer Straßenspiele immer wieder vor. Es gab noch kaum ausgewiesene Bolzplätze und das Betreten der meisten Rasenflächen war damals verboten. Dafür aber ließen sich in allen Teilen der Stadt ungenutzte Grundstücke finden, wo man, abgesehen von der einen oder anderen Unebenheit, ungestört kicken konnte. Zu abenteuerlichen Spielen geeignet und deshalb sehr beliebt waren auch damals der Schloßberg und der Sternwald. Als besondere Mutprobe galt es bei einigen, am Deichelweiher nach Kreuzottern zu suchen. Das war sehr gruselig, auch wenn sich keine einzige Schlange blicken ließ.

Besonders gern ging man auch auf Trümmergrundstücke, obwohl oder auch gerade weil das eigentlich verboten war. Freilich nahmen damals die meisten Eltern diese Übertretung stillschweigend hin. Unfälle mit schweren Verletzungen scheint es nicht gegeben haben. Jedenfalls bot sich dort ein ideales Terrain, zu Versteck- und Schmugglerspielen und für »Räuber und Gendarm«. Größere Jungen gruben auch das eine oder andere Metallstück aus und trugen es zum Altwarenhändler. Das ergab eine willkommene Aufbesserung des eher kargen Taschengelds, von der die Eltern nicht zu wissen

Angst vorm schwarzen Mann?« oder für »Faules Ei« und anderes mehr. Während die Kleinen mit Dreirad und Tretauto meistens auf dem Bürgersteig blieben, veranstalteten Größere ihre Rennen mit Rollern oder Rollschuhen eher auf der Fahrbahn. Beliebt waren auch selbstgebaute Fahrzeuge der verschiedensten Art, meist aus einigen Brettern und den Rädern ausrangierter Kinderwagen. Lenken ließen sich solche Gefährte mit Schnüren an den beweglichen Vorderachsen. Wenn sich Zwei zusammenfanden, konnte abwechselnd eines schieben, das andere fahren und lenken. Manchmal ließ sich auch jemand, der schon Radfahren konnte, als Zugtier einspannen. So konnte man durchaus Wettfahrten austragen. Um bei offiziell organisierten Seifenkistenrennen mitzumachen, brauchte es freilich die Hilfe von Erwachsenen.

138

brauchten. Gefährlich wurde es allerdings, wenn sich das Metall als alte Granate entpuppte.

Ein tolles Revier bot zeitweise ein verwildertes Schrebergartengelände westlich der Zähringerstraße. Hier konnte man sich Hütten bauen, wilde Kämpfe austragen und Lagerfeuer abbrennen. In den alten Obstbäumen ließ sich herrlich klettern und im Herbst auch noch einiges ernten. Mancher Streifzug führte auch entlang dem Roßgäßlebach durchs Industriegebiet bis in den Mooswald. Ganz vorwitzige bauten sich dort sogar Flöße und wagten sich damit auf das schmutzige und stinkende Wasser.

Der westliche Teil des Mooswalds wurde von Jungs und Mädchen aus Betzenhausen und der Mooswaldsiedlung erobert. Es blieb nicht immer beim Fröschefangen. Manche qualmten hier ihre erste Zigarette oder befummelten einander auch schon mal. Um die selbstgebauten, teilweise sogar mit Matrazen ausgestatteten Buden und Lager fochten auch hier Banden in wechselnder Zusammensetzung heftige Kämpfe aus. Dass dabei sogar Feuerpfeile zum Einsatz kamen, hätte einmal beinahe ein schlimmes Ende genommen: eine besetzte Hütte wurde in Brand geschossen.

Den Kindern aus dieser Gegend boten zudem nicht nur der Hof der Gerhart-Hauptmann-Schule und Ruinengrundstücke an der Hofackerstraße, sondern auch ein freies Gelände an der damaligen Lehener Straße Gelegenheit zu abwechslungsreichen Spielen. Nicht zuletzt konnte man hier auch selbstgebaute Drachen steigen lassen ohne durch elektrische Leitungen gefährdet zu werden. Ein weiterer Anziehungspunkt war, allen möglichen Gefahren zum Trotz, auch das Gelände eines Zimmerei- und

1948

1948

50er Jahre

139

*Günterstal,
1965*

*An der Dreisam,
1955*

Schreinereibetriebes an der Hofackerstraße. Hier trafen sich nicht selten 10 bis 15 Kinder, darunter auch Schulkameraden aus dem »Zigeunerwäldle«. Sie bekamen dann auch schon einmal Holz für gemeinsame Basteleien: für Stelzen, Schwerter und Schilde oder auch für Karren und Seifenkisten. Damit zogen manche bis zum Lehener Bergle. Dort war im Winter für die größeren, die sich mit dem Dreisamdamm nicht mehr begnügten, die nächste und beste Gelegenheit zum Schlittenfahren. Am Dreisamdamm und an den Bahndämmen wurde auch im übrigen Stadtgebiet gerodelt und im Übrigen nutzten die Kinder jeden Hügel und jede Mulde, so etwa bei der katholischen Kirche in Haslach oder am Katzenbuckel am Mösle; weiter fahren konnte man dagegen am Rötebuck. Zum Schlittschuhlaufen trafen sich am Waldsee auch Erwachsene, während Eisbahnen zum Schlusern, wie es sie etwa bei der Pestalozzischule immer wieder gab, nur von Kindern genutzt wurden. Fast überall konnte man natürlich mit Schneebällen werfen, egal ob allein auf ein bestimmtes Ziel oder mit vielen andern in einer zünftigen Schlacht. An Fasnacht verkleideten sich die meisten. In Betzenhausen konnten manche auch mit Schweinsblasen dreinschlagen und zumindest in Herdern gingen närrische Cliquen mit »Hoorig«-Geschrei in die Geschäfte, um süßen Tribut einzufordern. Im Sommer bot natürlich das Dreisambett vielfältige Beschäftigung: Da wurden Dämme gebaut und Tümpel angelegt; man versuchte auf allerlei Weise Fische zu fangen und stellte auch anderem Wassergetier nach. Ein besonders beliebter Treffpunkt war für viele, nicht zuletzt wegen seines großen Nichtschwimmerbereichs und der weiten Spiel- und Liegefläche, das Strandbad.

Hartmut Zoche

1967

Kaum ein Weg war zu weit, um zu Fuß, mit dem Fahrrad oder, falls man das Geld hatte, auch mit der Straßenbahn dorthin zu kommen.

Eine Welt für sich bildeten die Wohngebiete der Angehörigen des französischen Militärs. Deren Kinder verbrachten die meiste Zeit in einem besonderen Kindergarten und in ihrer Ganztagsschule. Dahin wurden sie stets in eigenen Bussen gefahren. Frei waren nur die Wochenenden und die Donnerstage. Im Vaubanbezirk gab es zwischen den Wohnblocks Rasenflächen mit jeweils einer Rutsche oder einer Schaukel. Hier durften die Kinder im Gegensatz zu vielen Grünflächen in der Stadt auch auf dem Rasen spielen. Außerdem gab es hinter den Garagen einen großen freien Platz. Besonders beliebt war allerdings das Spielen zwischen den Steinblöcken auf dem angrenzenden Lagerplatz der Meisterschule für Bildhauer. Die Kinder eines Wohnblocks blieben meistens unter sich und hatten auch kaum Kontakt zu ihren deutschen Altersgenossen.

Mochten in Freiburg nicht zuletzt die Wohnverhältnisse in den beiden Jahrzehnten nach Kriegsende auch beengt und manchmal bedrückend sein, viele Kinder konnten sich damals weitgehend selbstständig abenteuerliche Spielplätze aussuchen und gestalten. Sie fanden leicht Spielkameraden und wurden von den Erwachsenen in heute kaum vorstellbar geringem Maß beaufsichtigt. ☛

Anmerkungen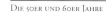

1 Dieser Beitrag gründet vor allem auf verschiedenen Interviews mit Personen der Jahrgänge 1944 bis 1952, die unter Verwendung eines bestimmten Fragenkatalogs geführt wurden. Meinen Gesprächspartnern möchte ich an dieser Stelle für ihr freundliches Entgegenkommen nochmals herzlich danken.

2 Ueberschär, Gerd R.: Die Stadt als Heimatfront im Zweiten Weltkrieg. In: Heiko Haumann und Hans Schadek (Hrsg.): Geschichte der Stadt Freiburg im Breisgau. Bd. 3. Von der badischen Herrschaft bis zur Gegenwart. (Stuttgart 1992) S. 361.

3 Während 1987 der Kinderanteil an der Freiburger Wohnbevölkerung nur noch 12 Prozent erreichte, machten 1950 die unter 15-jährigen immerhin 20 Prozent aus. Vgl.: Blinkert, Baldo: Soziale und wirtschaftliche Strukturen in Freiburg. In: Haumann/Schadek: Freiburg. S. 429.

4 Baden-Württemberg in Wort und Zahl. Statistische Monatshefte 1.Jg. (1953) Heft 11. S. 389 und 46. Jg. (1998) Heft 6. S.257.

Vom Keuchhustengarten zum Tollplatz – eine Spielplatzgeschichte

Günther Klugermann

Park zwischen Breisacher, Kreuz-, Kolmarer Straße und Bahnlinie, um 1910

Im Norden des Stadtteils Stühlinger, unweit der Hauptbahnlinie, lag eine mit Bäumen bestandene, hübsche kleine Parkanlage. Sie war dazu angetan, die Phantasie eines Prof. Dr. Karl Noeggerath, Vorstand der Universitätskinderklinik (Hildaspital), zu beflügeln. Schon oft hatte er darüber gegrübelt, wie den kleinen, von Keuchhusten geplagten Patienten zu helfen wäre. Einerseits würde der Aufenthalt an frischer Luft wenigstens Linderung bringen und jedenfalls die Genesung fördern. Andererseits wäre es natürlich unverantwortlich, gesunde Kinder dadurch der Gefahr einer Ansteckung auszuliefern.

Nun war er schon oft an besagter kleiner Parkanlage vorbeigekommen und hatte den Blick versonnen darüber hinweg schweifen lassen. Eines Tages trafen sich Park und hustende Kinder in den Gedanken des Professors. Bald schien die Idee ausgereift und als Mann der Tat ging er daran, sie in entschiedener Weise Ende November 1924 dem Freiburger Stadtrat vorzutragen.[1] Die geplante Anlage eines Kinderspielplatzes zwischen Kolmarer, Kreuz- und Hugstetter Straße sollte als sogenannter »Keuchhustengarten« erfolgen. Das bedeutete, dass der Platz mittels eines umlaufenden Drahtgitters und dichter

Umpflanzung eingefriedet und bei Bedarf abschließbar sein sollte. Bei auftretenden Keuchhustenepidemien war der Zugang zum Spielplatz kranken Kindern vorzubehalten. Als quasi offene Quarantäne-Station sollte dann durch Abschottung die Kontaktaufnahme und damit Ansteckung von gesunden Kindern verhindert werden.

Nachdem auch der Schularzt Dr. Pflüger die Anlage befürwortete[2], begann das Gartenamt Anfang 1926 mit der Herstellung des Keuchhustengartens.[3]

Als »Notstandsarbeit« wurde der 1 293,75 qm große Baumplatz vom 14. Januar bis 25. Februar 1926 von durchschnittlich zwölf Erwerbslosen in einen Kinderspielplatz umgewandelt. Die Männer verrichteten insgesamt 400 Tagewerke. Die Gesamtkosten beliefen sich auf 9 046,59 Mark, davon gab es 1442,19 Mark Förderungszuschuss und 961 Mark Förderungsdarlehen vom Arbeitsamt, so dass die Stadt Freiburg noch 6 643,43 Mark zu tragen hatte.[4]

Erst nach Abschluss der Bauarbeiten ging dem Lokalverein Stühlinger auf, welches Kuckucksei ihm da ins Nest gesetzt worden war. In Spielplatzangelegenheiten sensibilisiert durch den nicht verschmerzten Verlust des geliebten Platzes an der verlängerten Wannerstraße und die sich hinschleppende Bebauungsplanung des Stühlinger Kirchplatzes, berief der Lokalverein schleunigst eine Generalversammlung auf den 8. März 1926 ein. Die Wogen der Empörung schlugen hoch und so war es nicht verwunderlich, dass folgende Resolution an den Stadtrat einstimmig beschlossen werden konnte: »Der Lokal Verein Stühlinger bittet, den Namen Keuchhusten Garten fallen zu lassen, und denselben nur als geschlossenen Kindergarten zu bezeichnen! Von der Beschickung des Spielgartens mit Keuch-

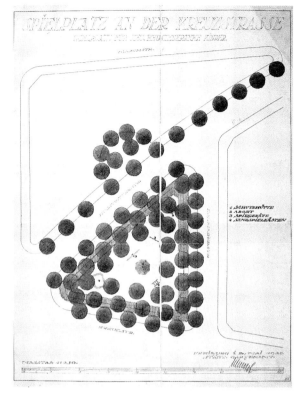

Plan von 1925

husten kranken Kindern – auch zu Zeiten von Epidemien – wolle abgesehen werden.«[5]

Die Nöte der Stühlinger fanden offenbar Gehör und Verständnis. Bei der Lektüre der Danksagung des Lokalvereins an den Stadtrat ist die Erleichterung erkennbar: »Sehr erfreut und dankend nahmen wir davon Kenntnis, dass der neu angelegte Spielplatz an der Kreuz-, Kolmarer, Hugstetter Strasse vonseiten Verehrl. Stadtrats seinem Zwecke als ›Kindergarten‹ zugeführt wurde & das Gespenst als ›Keuchhusten‹ Garten dadurch verschwand.«[6]

*Spielplatz,
um 1930*

Nun sollen Gespenster ja gelegentlich die Angewohnheit haben wiederzukehren. Die Grabplatte beiseite geschoben hatte hierfür das Gesundheitsamt. Es ortete im September 1929 eine »Keuchhustenepidemie« in Freiburg und meinte, nun wäre der Zeitpunkt gekommen, die Idee von Professor Noeggerath umzusetzen und die dafür vorgesehenen »Keuchhustengärten« in Betrieb zu nehmen. Das betraf neben dem Stühlinger Spielplatz auch den vor wenigen Jahren eröffneten Spielplatz auf dem alten Wiehrefriedhof. Verständlicherweise war der Professor Noeggerath von dem Vorschlag angetan, auch das Gartenamt stimmte zu.[7] Etwas verhaltener äußerte sich das befragte Stadtjugendamt aus zwei Gründen. Zum einen könne es sich davon, »zumal in der jetzigen bereits fortgeschrittenen Jahreszeit, nicht viel versprechen« und zum anderen sollte vielleicht zuerst eruiert werden, »wieviele Eltern sich dazu verstehen können, ihre keuchhustenkranken Kinder einem Kinderspielplatz zuzuweisen, in dem ausschließlich ebenfalls kranke Kinder sich herumtreiben und der schon

durch seine Aufschrift als Sammelplatz für Kinder mit ansteckender Krankheit gekennzeichnet ist.« Doch ein Versuch könne schließlich nicht schaden.[8]

Das Rechnungsamt, gemeinhin als Fortschrittsbremser verschmäht, weil jeder mit Kosten verbundenen Neuerung aus Überzeugung abhold und deshalb stets zweifelnd auf der Suche nach Gegenargumenten, stellte auch in diesem Fall schlicht die Existenz einer Epidemie in Abrede.[9]

Als Mosaiksteinchen zur Rehabilitierung der Behörde – so viel muss korrekterweise zugestanden werden – war sicherlich die überraschende Wirkung des geäußerten Zweifels zu werten. Das Gesundheitsamt sah sich zu einer Umfrage an Schulen, Kindergärten, der Kinderklinik, bei praktischen Ärzten und beim Bezirksamt aufgerufen. Das Ergebnis gab dem Rechnungsamt Recht. Da zudem keine Erfahrungsberichte aus anderen Städten über die Akzeptanz von »Keuchhustengärten« bei der Bevölkerung zu erhalten waren, nahm man etwas kleinlaut Abstand von dem Gedanken, in Freiburg in dieser Hinsicht eine Pionierleistung vollbringen zu wollen. Mit dem abschließenden Statement: »Wir glauben, dass bei der noch sehr problematischen Wirkung von solchen Keuchhustengärten keine Unterlassungssünde begangen wird, wenn die Keuchhustengärten nicht in Betrieb genommen werden«[10], hatte das Gesundheitsamt die Grabplatte wieder zurechtgerückt und der Spuk war für alle Zeiten gebannt.

Während der nächsten, geruhsamen Jahre genoss das Areal ungeteilte Attraktivität sowohl seitens der Elternschaft als auch der kleineren Kinder. So war auch an dem verhängnisvollen Nachmittag des 10. Mai 1940 der Platz gut besucht. Zwar hatte Deutschland schon an mehreren Ecken Europas

Krieg angezettelt, doch man wähnte sich so weit von den Geschehnissen entfernt, dass selbst die hoch über Freiburg gen Westen brummenden deutschen Flugzeuge, die ihre Bombenlast über den Rhein trugen, nur mäßig Aufmerksamkeit erregten. Und doch brach unvermittelt das bis dahin unvorstellbare Grauen über die friedliche Szenerie in dieser Nordostecke des Stühlingers herein. Keine Alarmsirene noch irgendeine andere Vorwarnung kündete von dem nahenden Verderben. Den Menschen blieb nicht die geringste Chance, sich in Sicherheit zu bringen, bevor die ersten Explosionen zu hören waren. Zwar wurde schnell begriffen, dass es sich um einen Bombenangriff handelte, doch ehe Zeit zu einer angemessenen Reaktion gewesen wäre, erschütterte bereits der nächste Einschlag die nähere Umgebung.

Entsetzen hatte auch die auf dem Spielplatz Anwesenden erfasst. In panischer Angst stürmte eine größere Gruppe von Kindern aus dem auf die Kolmarer Straße führenden Ausgang, nur ein Ziel vor Augen: das in dieser Richtung liegende, schützende Zuhause. Sie hatten jedoch kaum den Platz hinter sich gelassen, als unmittelbar vor ihnen eine Bombe in die Straße vor Haus Nr. 7 einschlug.[11] Die heftige Splitterwirkung der sogenannten Brisanzbombe brachte dreizehn Kindern den sofortigen Tod. Keines dieser Kinder hatte das zehnte Lebensjahr vollendet, das jüngste war gerade eineinhalb Jahre alt.[12] Insgesamt hatte der Angriff 57 Menschen das Leben gekostet – 35 Erwachsenen (darunter elf Soldaten) und 22 Kindern -, verletzt wurden mehr als doppelt so viele.[13] Das nationalsozialistische Kampfblatt »Der Alemanne« berichtete zwei Tage später über das Massaker unter anderem wörtlich: »Die feindlichen Flugzeuge bewarfen dabei einen Kinderspielplatz mit Bomben (...).«[14] Mit dieser kurzen Bemerkung wurden gleich zwei Legenden in die Welt gesetzt, die lange Zeit als Wahrheiten kursierten: 1. die Bombardierung durch feindliche Flugzeuge und 2. die Bombardierung des Spielplatzes. Dass der Spielplatz nicht selbst getroffen wurde, sondern tatsächlich »in dessen unmittelbarer Nähe eine Bombe niederging«, vermeldete bereits am 14. Mai eine offizielle Mitteilung der Stadt Freiburg an die Informationsabteilung des Auswärtigen Amts in Berlin.[15] Die Mär von einem feindlichen Angriff muss spätestens nach der ausführlichen Untersuchung der beiden Militärhistoriker Gerd R. Ueberschär und Wolfram Wette als widerlegt gelten. Der letzte Stand ihrer Forschung belegt, dass es zweifelsfrei drei deutsche Flugzeuge waren, welche die Bomben irrtümlich auf Freiburg abgeworfen hatten.[16]

In Reaktion auf das dramatische Ereignis verbot der Polizeidirektor zehn Tage später die weitere Benutzung dieser Anlage sowie von sieben anderen Plätzen im Stadtgebiet.[17]

Im Bombardement von Freiburg durch die Royal Air Force am Abend des 27. November 1944 versank schließlich auch der Kinderspielplatz Kreuzstraße mit sämtlichen umliegenden Häusern in Schutt und Asche.

Erst im April 1951 konnte das Gartenamt verkünden: »Der Kinderspielplatz an der Kreuzstrasse ist soweit fertiggestellt und die Einfriedung wieder ausgeführt. Es handelt sich nur noch darum, die Spielgeräte zu ergänzen, was im Laufe der nächsten Monate geschehen wird.«[18]

Ein Jahr später erfolgte aus dem testamentarischen Fond der verstorbenen Großherzogin Hilda eine

Stiftung über 10 000 DM zur Ausstattung von Spielplätzen mit neuartigen Spielgeräten. Stadtamtmann Philippi unterbreitete den vom Gartenamt unterstützten Vorschlag, das bislang namenlose Areal an der Kreuzstraße als Zeichen der Dankbarkeit fortan »Hildaspielplatz« zu benennen.[19]

Die kritischen Einwendungen des Archivamts[20] hinderten den »Straßenbenennungsausschuss« nicht daran, die Anregung in seiner Sitzung am 5. Februar 1953 zu befürworten.[21]

Die bis zur Colmarer Straße (nun mit »C« geschrieben) geführte Hugstetter Straße trennte den Spielplatz von einer gegenüber liegenden öffentlichen Grünanlage. 1957 wurde der Straßenabschnitt zwischen der Breisacher und Colmarer Straße und dem Bahndamm erstmals als »stillgelegt«[22] bezeichnet, also für den Verkehr gesperrt. Die Überlegung, dort eine Rollschuhbahn anzulegen, wurde noch im gleichen Jahr realisiert.[23] Es war nur eine geringfügige städtische Investition erforderlich: die Absicherung des Teilstücks gegen potentiell einfahrende Kraftfahrzeuge. Zum Rollschuhlaufen diente schlicht die stark gewölbte Kaltasphaltdecke der ehemaligen Fahrbahn. Elf Jahre später verhinderte der inzwischen lückenhaft gewordene Belag eine »einigermaßen gefahrlose Benutzung«.[24]

Bereits 1966 war ein Plan entworfen worden, der eine Erweiterung des Kinderspielplatzes um die Grünanlage zwischen dem alten Teil der Hugstetter Straße, Breisacher Straße und Bahnlinie veranschaulichte.[25] Wegen fehlender Finanzmittel landete das Projekt in der Schublade. Erst Berichte über zunehmende Unfälle, die jedoch nicht auf gefährliche Spielgeräte zurückzuführen waren, wie ursprünglich vermutet, sondern auf die Überlastung

des Platzes infolge übermäßiger Beanspruchung durch Kinder, führten dazu, dass 1969 der Betrag von 55 000 DM in den ordentlichen Haushalt für die dringend notwendige Neugestaltung eingestellt wurde.[26] Die »Badische Zeitung« berichtete über den Beginn der Umbauarbeiten sowie die Erweiterung der Spielanlage von bisher 2246 auf zukünftige 6 500 Quadratmeter[27] und dokumentierte fotografisch den Einzug von Beton in Form von neun kleinen »Hütten« auf dem Gelände[28]. Weitere Betonelemente beherrschten zusehends den Platz, der endgültig im Lauf des Jahres 1970 fertig gestellt wurde. Im Rahmen dieser Umgestaltung verschwanden auch der Teil der Hugstetter Straße zwischen Breisacher und Colmarer Straße sowie die sogenannten Brezelwege durch die frühere Anlage. Nach dem Motto »Durch ›Malings‹ wird Beton erst schön« initiierte das Gartenamt Ende August 1973 aus eigenem Bestreben eine weithin beachtete Aktion zum Bemalen des Betonspielgeräts.[29] Die Kinder sollten selbst versuchen, mit bunten Farben und lustigen Motiven der grauen Tristesse des Betons etwas Lebensfreude entgegenzusetzen. Doch irgendwann verblasste die Farbe und mit ihr der letzte Rest an Attraktivität. Langsames Siechtum sowie eine schleichende Form von Verwahrlosung setzten ein.

Knapp zehn Jahre nach dem Rettungsversuch war die Anlage am Ende. Beschwerden von Anwohnern über den »Zustand« des Spielplatzes führten zu einer Ortsbesichtigung des Stühlinger SPD-Ortsvereins. Dabei wurde insbesondere die überwiegende Betonausstattung als Gefahrenquelle sowie als Ursache für die ausbleibende Akzeptanz seitens der Kinder ausgemacht und angeprangert.[30] Die ebenfalls von den vorgefundenen Verhältnissen in

Kenntnis gesetzte Presse brachte einen ausführlichen Bericht.[31] Sogar Oberbürgermeister Böhme schaltete sich persönlich in die Angelegenheit ein.[32] Einer Beschleunigung des Verfahrens waren solcherlei Schubkräfte zweifellos förderlich, wenngleich das Bewusstsein von der Überlebtheit des Betonzeitalters auf Spielplätzen sicher nicht erst dadurch beim Gartenamt geweckt wurde.[33]

Mit Unterstützung der Arbeitsgemeinschaft Freiburger Kinderspielplätze schlug das Gartenamt die Aufnahme des Platzes an der Kreuzstraße in das Erneuerungsprogramm für 1984 vor und meldete notwendige Haushaltmittel in Höhe von 95 000 DM an.[34] Mit einer neuen Konzeption, bei der erstmals »in verstärktem Maße die Bedürfnisse der Kinder berücksichtigt« worden seien, sollte die Umgestaltung erfolgen.[35] Das Bürgermeisteramt erteilte die Genehmigung[36] und der Umbau konnte im Oktober 1984 beginnen.

Zunächst verschwanden alle Betonelemente einschließlich der Tischtennisplatte sowie die Rohrspielgeräte Kletterpilz und Rutschbahn. Beibehalten wurden lediglich eine Wippe und die sogenannte Spielhalle, eine nach allen Seiten offene Überdachung einer kleineren Fläche. An Neuerungen kamen hinzu: ein Brunnentrog, zwei Kletter-Spielhütten, eine Lokomotive mit Tender, an der Trafostation der FEW befestigte Malwände, eine Art Hängematte namens »Indio-Schaukel«, die Spielstadt »Napoli« (bestehend aus Stahlrutschbahn, Doppelschaukel, Kleinkinderaufstieg, Hangel- und Wackelsteg, Rampenaufstieg, Sprossenkletterwand und Satteldach), drei Schaukeltiere, eine Kurvenrutsche und ein runder Rollschuhplatz. Die Spielgeräte wurden mit Fallschutzplatten unterlegt.[37] Die

Betonzeitalter, 1973

Spielplatzumgestaltung, 1998

147

»Übergabe der fertiggestellten Baumaßnahme« fand am 5. Dezember 1984 statt.[38]

Schon im Schreiben mit der Mängelliste vom 17. März 1983 bemerkte die Stühlinger SPD, dass sie eine »vormals vorhandene Gedenktafel, die an den Fliegerangriff auf den Spielplatz während der Naziherrschaft erinnerte« vermisse.[39] Sie beharrte auf der Wiederanbringung einer solchen Tafel, was allgemeine Zustimmung fand. Allerdings konnte nicht ohne weiteres Einigkeit bezüglich des Textes gefunden werden, da bestimmte Fraktionen im Stadtrat die Erwähnung der Tatsache eines deutschen Fliegerangriffs gern unterschlagen hätten.[40] So verzögerte sich die Ausführung bis ins Jahr 1985.[41]

1991 startete eine von der Stadt Freiburg an das hiesige Institut für Soziologie und das Freiburger Institut für angewandte Sozialwissenschaft (FIFAS) in Auftrag gegebene »Untersuchung von außerhäuslichen Aktionsräumen für Kinder im Alter von fünf bis zehn Jahren«, gemeinhin als »Freiburger Kinderstudie« bezeichnet.[42] Neben den 1993 in gedruckter Form vorgelegten Ergebnissen wurden auch Empfehlungen zur Verbesserung der Aktionsraumqualität für Kinder und speziell der Gestaltbarkeit von Spielorten in erreichbarer Nähe ausgesprochen.[43] Die Studie erfreute sich rasch der ihr zustehenden Resonanz. Allenthalben regte sie Diskussionen über die Frage an, wie durch naturnahe Umgestaltung der Freiburger Spielplätze die Aktionsräume für Kinder verbessert werden könnten und in welchen Stadtteilen hierzu der größte Bedarf bestehe.

Dieser Thematik nahm sich im November 1994 auch eine Bürgerversammlung im Stühlinger an. Ein Ergebnis des Treffens war die Forderung nach Umgestaltung des Spielplatzes an der Kreuzstraße im Jahr 1996.[44]

Doch erst im November 1997 gab die Arbeitsgemeinschaft Freiburger Kinderspielplätze eine Empfehlung in diesem Sinne ab. Die Anlage an der Kreuzstraße sollte demnach als Schwerpunkt der Spielplatzumgestaltung im Jahr 1998 behandelt werden. Die an das Gartenamt mit Vorstellungen zum Umbau des Platzes herangetretene Gruppe »Spiel & Raum« beim »Spielmobil Freiburg e. V.« erhielt den Auftrag zur Umsetzung ihrer für gut befundenen Ideen und legte im Januar 1998 einen Entwurf vor.[45] Während diese Aktion in der Rangfolge der Veränderungen von Freiburger Spielplätzen erst an sechzehnter Stelle stand, machte sie ein Novum zur Nummer eins: der Einbezug von Nachbarschaft und Stadtquartier sowie insbesondere die aktive Beteiligung von Kindern und Jugendlichen in allen Phasen, von der Planung bis zur Ausführung. Eine »Wochenend-Zukunftswerkstatt« im März 1998 bildete den Auftakt. In den Osterferien (April 1998) fand die erste Bauaktion mit Kindern statt. Mit den Überlegungen zu einer »mädchenorientierten Spielplatzgestaltung« kam im Sommer 1998 eine weitere Besonderheit hinzu.[46]

Bescheidene 158 000 DM[47] für Planung, Bauausführung und pädagogische Begleitung sowie massenweise unbezahlte Arbeitsstunden waren der finanzielle und menschliche Einsatz, der innerhalb von 15 Monaten zu dem Ergebnis führte, das bei der Eröffnungsfeier am 22. Juni 1999 mit Stolz vorgezeigt werden konnte: Die tiefgreifendste und nachhaltigste Veränderung, die der Platz in seiner wechselvollen Geschichte bislang erlebte.[48] Dies auch nach außen zu dokumentieren, war der Hintergedanke bei der Ausschreibung eines Wettbewerbs unter Kindern für einen neuen Spielplatznamen. Bei der Wiedereröffnung des Platzes wurde die Klasse 2 a der Lortzingschule mit ihrem Vorschlag »Tollplatz« als Sieger bekannt gegeben.

Es wird sich in nächster Zukunft erweisen müssen, ob das vorgesehene Konzept greift. Demnach läge nun kein vorläufiger Abschluss bis zur nächsten Planänderung in ein oder zwei Jahrzehnten, entsprechend der jeweiligen Zeitgeiststromung, vor. Vielmehr wäre jetzt nur eine Ausgangssituation geschaffen, die eine fortlaufende, von Kindern maßgeblich beeinflusste Weiterentwicklung ermöglicht.

Anmerkungen

1 Vgl. StadtAF C 4, XI/3, Nr. 16 (Schreiben des Gartenamts an den Stadtrat vom 28. 11. 1924).

2 Ebenda (Schreiben vom 16. 3. 1925).

3 Ebenda (Schreiben des Gartenamts an den Stadtrat vom 14. 1. 926).

4 Vgl. ebenda (Schlussbericht des Gartenamts an den Stadtrat vom 21. 7. 1926).

5 Ebenda (Schreiben des Lokalvereins Stühlinger an den Stadtrat vom 14. 3. 1926).

6 Ebenda (Schreiben des Lokalvereins Stühlinger an den Stadtrat vom 16. 5. 1926).

7 Vgl. ebenda (Antrag des Gesundheitsamt an den Stadtrat vom 19. 9. 1929).

8 Vgl. ebenda (Schreiben des Stadtjugendamts an den Oberbürgermeister vom 24. 9 .1929).

9 Vgl. ebenda (Stellungnahme des Rechnungsamts vom 27. 9. 1929).

10 Ebenda (Schreiben des Gesundheitsamts an den Oberbürgermeister vom 3. 10. 1929).

11 Vgl. StadtAF C 4, XI/31, Nr. 3 (Bericht des städtischen Hochbauamts über die »Bau- und sonstigen Sachschäden durch Bombenabwurf« vom 21. 5. 1940).

12 Vgl. ebenda (»Verzeichnis der Todesopfer« aus den Akten des Gesundheitsamts mit Stand vom 13. 5. 1940).

13 Vgl. ebenda (Telefonische Mitteilung von Gartendirektor Schimpf vom 18. 5. 1940).

14 Der Alemanne vom 12. 5. 1940.

15 Vgl. StadtAF C 4, XI/31, Nr. 3.

16 Vgl. Ueberschär, Gerd R. / Wette, Wolfram: Bomben und Legenden. Die schrittweise Aufklärung des Luftangriffs auf Freiburg am 10. Mai 1940. Freiburg 1981.

17 Vgl. StadtAF C 4, XI/3, Nr. 13 (Schreiben des Polizeidirektors an den Oberbürgermeister vom 20. 5. 1940).

18 StadtAF C 5, 742/4469 (Schreiben des Gartenamts an das Bürgermeisteramt vom 2. 4. 1951).

19 Vgl. ebenda (Schreiben des Gartenamts an das Bürgermeisteramt vom 18. 4. 1952).

20 Unter anderem Hinweis darauf, dass es schon eine Hildastraße in der Wiehre, einen Hildaturm auf dem Lorettoberg und ein Hildakinderhospital im Stühlinger gebe. Vgl. ebenda (Stellungnahme des Archivamts an das Bürgermeisteramt vom 13. 5. 1952).

21 Vgl. ebenda.

22 Vgl. ebenda (Protokollauszug vom 29. 10. 1957).

23 Vgl. ebenda (Beschluss des Bürgermeisteramts vom 2. 12 .1957).

24 Ebenda (Neuanlage von Kinderspielplätzen vom Juli 1968).

25 Vgl. ebenda (Plan im Maßstab 1:500 von »Kinderspielplatz und Grünanlage Kreuzstrasse« vom 28. 3. 1966).

26 Vgl. ebenda (Protokollauszug von der Sitzung des Bauausschusses vom 2. 7. 1969 und Beschluss des Dezernats VI vom 16. 7. 1969).

27 Vgl. BZ Nr. 208 vom 10. 9. 1969.

28 Vgl. BZ Nr. 278 vom 3. 12. 1969.

29 Vgl. BZ vom 24. 8. 1973 und Stuttgarter Zeitung vom 31. 8. 1973. Die Wortschöpfung »Malings« stammte von Gartenamtsleiter Utz. Weitere Presseberichte über die Aktion wurden veröffentlicht in Badische Neueste Nachrichten Nr. 204 vom 31. 8. 1973, Schwarzwälder Bote Nr. 201 vom 31. 8. 1973, Südkurier Nr. 202 vom 1. 9. 1973 und Stuttgarter Nachrichten Nr. 207 vom 1. 9. 1973.

30 Vgl. Akten beim Gartenamt (Brief des Ortsvereins der SPD Freiburg-Stühlinger an das Gartenamt vom 17. 3. 1983).

31 Vgl. BZ vom 6. 4. 1983.

32 Vgl. Akten beim Gartenamt (Schreiben von Oberbürgermeister Böhme an das Gartenamt vom 10. 2. 1983).

33 Vgl. hierzu die Gartenamtsleiter Utz zugeschriebene Äußerung im Bericht der BZ "Viel Beton und scharfe Kanten" vom 6. 4. 1983.

34 Vgl. Akten beim Gartenamt (Schreiben des Gartenamts an das Bürgermeisteramt, Dezernat I, vom 23. 8. 1983).

35 Vgl. ebenda (Antrag des Gartenamts an das Bürgermeisteramt vom 15. 6. 1984).

36 Vgl. ebenda (Mitteilung des Bürgermeisteramts an das Gartenamt vom 5. 7. 1984).

37 Vgl. ebenda (Zusammenstellung aus den Rechnungen der beteiligten Firmen).

38 Vgl. ebenda.

39 Vgl. Fußnote 30.

40 Vgl. BZ vom 5. 6. 1984.

41 Vgl. Hinweis im Artikel »Neue Tafel für Hildaspielplatz« in der BZ vom 5. 7. 1991.

42 Blinkert Baldo: Aktionsräume von Kindern in der Stadt. Eine Untersuchung im Auftrag der Stadt Freiburg. 2., unveränderte Auflage. Pfaffenweiler 1996 (= Schriftenreihe des Freiburger Instituts für angewandte Sozialwissenschaft e. V. <FIFAS>, Bd. 2). S. 1.

43 Vgl. ebenda, S. 192ff. und speziell S. 213ff.

44 Vgl. Akten beim Gartenamt (Protokoll der Bürgerversammlung des Bürgervereins Stühlinger am 17. 11. 1994 im Technischen Rathaus).

45 Vgl. Broschüre »Beteiligungsprojekt Tollplatz in Freiburg-Stühlinger«, hrsg. von »Spiel & Raum« beim »Spielmobil Freiburg« e. V., Freiburg 1999.

46 Vgl. ebenda.

47 Die Gesamthöhe der Finanzierung aus dem städtischen Haushalt betrug 180 000 DM. Davon gingen für Vermessungskosten, Bauvorbereitung und Bauüberwachung 21 400 DM an das Gartenamt. Vgl. Akten beim Gartenamt (Punktuation für Frau Bürgermeisterin Stuchlik vom 4. 5. 1999).

48 Vgl. Bericht über die Eröffnungsfeier in der Badischen Zeitung vom 23. 6. 1999.

Rieselfeld, um 1998

Blaue Brücke, um 1995

151

Mit Roller,
Rollschuhen,
Dreirad...

30er Jahre

1927

1971

152

*Kolmarer Straße,
1943*

Stadtgartenbrücke, 90er Jahre

1985

1973

153

Vom Kinderladen zur »Schwarzwaldhof-Bande« Die Zeit seit den siebziger Jahren

Brigitte Grether

Seit dreißig Jahren verlieren öffentliche Räume zunehmend ihre Vielfalt. Die immer zahlreicher werdenden Straßen sind nur noch für die Autos da und eignen sich nur noch in seltenen Fällen zum Spielen. Für Kinder ist eine spezielle Infrastruktur aus Spielplätzen, Kinder- und Jugendzentren und Tagesstätten entstanden. Als Folge der Achtundsechziger-Bewegung gab es eine Diskussion über Kindererziehung, doch spielten dabei individuell-psychologische Fragen eine größere Rolle als die strukturellen Voraussetzungen für ein Aufwachsen von Kindern in der Stadt. Wohnen wollte man mit der Familie möglichst in einem Haus im Grünen, was durch die Eingemeindungen Anfang der siebziger Jahre nun auch in Freiburg möglich war. Doch die Grenzen des Wachstums wurden spätestens 1973 durch die »Ölkrise« sichtbar.

Die Kinderspielplätze waren viele Jahre Betonlandschaften, doch die aufkommende Umweltbewegung beeinflusst auch die Spielplatzgestaltung: Die Geräte bestehen jetzt nicht mehr aus Stahl, Beton oder Plastik, sondern zunehmend aus Holz.

Neue Medien und das seit 1984 bestehende Privatfernsehen fügen den spezialisierten Außenräumen für Kinder neue, virtuelle Räume hinzu, die den Kindern genügend Gelegenheit für Erlebnisse aus zweiter Hand geben. Die von Soziologen so genannte Verhäuslichung und Verinselung des Kinderalltags schreitet fort.

Als Anfang der achtziger Jahre in Freiburg Häuser besetzt wurden, nutzten einige Kinder diese als Abenteuerspielplatz. So gab es die Schwarzwaldhof-Bande, Jungs zwischen zwölf und vierzehn Jahren, die dort Möglichkeiten fanden, die es sonst nicht mehr gab.

154

Der folgende Text entstand 1980, als der Schwarzwaldhof geräumt war und ich mich als Sozialarbeiterin im Haus der Jugend um diese Clique kümmerte:

»Zu erzählen wäre auch von jenem Schwarzwaldhof-Kapitel, welches die Kinder betrifft, diesmal nicht die kleinen, sondern die zwischen zwölf und vierzehn Jahren. In diesem Alter spielt das »Hüttle bauen« eine wichtige Rolle. Für eine Clique Wiehremer Jungen gab es mal ein altes Gartenhäusle an der Urachstraße, bevor dort alles so schön wurde. Hüttle im Sternwald gab es auch schon, aber die standen nie lange. Für acht Monate fanden verschiedene Cliquen ein weites Betätigungsfeld: den Schwarzwaldhof. Erst waren es die alten Garagen, die eingerichtet wurden. Matratzen und Teppiche wurden dorthin gebracht, Hocker und Hasenställe gebaut.

Es gab Kämpfe zwischen den einzelnen Cliquen, heiße Diskussionen darüber, ob Mädchen zugelassen werden, und schließlich hat man sich geeinigt: So entstand die Schwarzwaldhof-Bande. Da die Garagen allmählich zu eng wurden, suchte und fand man ein neues Objekt für den Tatendrang: den Speicher einer ehemaligen Werkstatt. Da ging es erst richtig los mit dem Bauen. Mit Spanplatten wurde ein Teil des Speichers abgeteilt, Rigipsplatten und alte Teppiche dienten als Isolierung, die Jungen legten selbst Leitungen, setzten einen Kohleofen und verschönerten ihr Domizil.

Natürlich, die gelegten Leitungen würden jedem TÜV-Fachmann schlaflose Nächte bereiten, das Ofenrohr war so angebracht, dass es beim nächsten Regen hineinregnete und alles unter Wasser stand. Aber die Jungen waren aktiv und haben ihre Erfah-

Räumung des Schwarzwaldhofes, 1981

*Schwarzwald-
hofbande,
1979/80*

rungen gemacht, Erfahrungen, die in städtischer Umgebung nur selten zu machen sind.«

Ich habe von den Jungen einiges gelernt, was für meine Arbeit als Leiterin des Kinderbüros heute noch wichtig ist: Kinder und Jugendliche brauchen Räume, Brachflächen, Wiesen, Wald zum eigenständigen Spielen und Experimentieren. Und genau das geht in der städtischen Umgebung – aber auch auf dem Dorf – immer mehr verloren. Ich meine, dass die Erfahrungen eines solchen Spiels nicht zu ersetzen sind. Ob virtuelle Erfahrungsräume einmal an die Stelle der realen treten können, ist fraglich.

Das soll kein Plädoyer für Häuserbesetzungen sein, aber an diesem Beispiel wird deutlich, dass sich Kinder oft Räume aneignen, die gar nicht für sie gedacht sind, und dass offene Situationen auch immer Chancen bieten.

Mit drei Mitgliedern der ehemaligen Schwarzwaldhof-Bande habe ich mich in diesem Jahr getroffen, um sie zu befragen, was die Zeit im Schwarzwaldhof ihnen bedeutet hat.

Sie sind jetzt 33 und 34 Jahre alt, nicht verheiratet, haben keine Kinder. Der Weg zum Beruf war auch nicht immer geradlinig, da sind sie ihrer Experimentierfreude treu geblieben.

P. hat zuerst eine Dachdeckerlehre gemacht und wurde auf dem zweiten Bildungsweg Arbeitserzieher.

A. hat eine Zimmermannslehre absolviert und eine Bautechnikerausbildung und arbeitet heute als Bauleiter.

K. ist nach einer Maurerlehre Gebäudereiniger geworden, hat die Meisterprüfung bestanden und leitet eine eigene Firma.

• *Warum seid ihr dorthin gegangen?*
Wir hatten dort eigene Räume und konnten machen, was wir wollten. Es war einfach spannend, keiner hat bestimmt, nicht mal die Polizei hat sich hineingetraut (wir hatten eine Garage voll gestohlener Fahrräder).

• *Was hatte der Schwarzwaldhof, was das Haus der Jugend nicht hatte?*
Wir konnten jederzeit dorthin, meistens haben wir uns schon vor der Schule dort getroffen und manchmal sind wir gar nicht in die Schule gegangen. Es gab viel zu entdecken. Dort haben wir etwas erlebt, es gab mehr Platz und die totale Freiheit.

• *Was war das Besondere?*
Es gab einen guten Gruppenzusammenhalt, die erwachsenen Besetzer haben uns akzeptiert und auch ein bisschen auf uns aufgepasst. Einmal kam ein Dealer, er wollte uns etwas verkaufen, dann wurde er von einem Erwachsenen verprügelt und kam nie wieder. Denn Drogen wollte keiner im

156

Schwarzwaldhof. Es gab eine Theatergruppe, wo einige von uns mitgespielt haben. Die Leiterin der Theatergruppe, ist auch mal zu P. heimgegangen, weil die Eltern schon Stress gemacht haben und es nicht gerne sahen, dass wir im Schwarzwaldhof waren. Manchen Kinder wurde es auch verboten. Das hat aber nichts genutzt, weil es einfach zu spannend dort war. Das Theaterstück wurde viel geprobt, aber nie aufgeführt.

• *Was habt ihr dort gemacht? Welche Erfahrungen gab es?*

Wir haben immer was entdeckt, gebastelt und geschraubt. Einmal sind wir mit einem alten Volkswagen durch den Schwarzwaldhof gefahren, ein anders Mal haben wir einen Vorderlader gefunden und ausprobiert. Bei diesen Aktionen hätte auch was passieren können, wir hatten auch viel Glück. Kein Erwachsener hat uns das Rauchen verboten, und es war Platz, um erste Erfahrungen mit Mädchen zu machen. Später im »Mariengrab« [ein anderes besetztes Haus, die Verf.] hatten wir ein extra Matratzenzimmer dafür. Alkohol hat keine Rolle gespielt für uns, wir haben nichts getrunken. Wir haben es ausprobiert, aber es hat uns nicht geschmeckt.

• *Wie war das, als der Schwarzwaldhof geräumt wurde?*

Es war wie ein Schlag ins Gesicht, wir wollten es gar nicht glauben. Wir hatten Pläne, nachts über die Mauer von der Falkensteinstraße aus in den Schwarzwaldhof zu klettern, um unsere Sachen zu holen. Es war viel Polizei da und eine gespannte Stimmung. Du hast uns davon abgehalten und hast mit der Polizei geredet. Mit dir zusammen sind wir dann in den Schwarzwaldhof gegangen und konn-

ten unsere Sachen holen. Wir waren völlig fertig, weil wir unseren Raum verloren haben, und sind anschließend auf alle Demos gegangen, bei denen gegen die Räumung protestiert wurde.

• *Welche Erfahrungen sind euch aus heutiger Sicht wichtig?*

Es war ein Erlebnis totaler Freiheit, die Regeln mussten selbst entwickelt werden. Seit der Zeit war mir klar, dass ich mal mein eigenes Ding mache, betont K. Keinen Chef zu haben, sondern mein eigener Chef zu sein, ist mir wichtig, auch wenn ich sehr viel arbeiten muss. Wir hätten ohne den Schwarzwaldhof nicht groß werden wollen und bedauern die Kinder, die solche Möglichkeiten nicht haben oder hatten. ☞

1972

1970

Spiele in der Natur

1977

80er Jahre

1986

1986

158

*Stern-
wald,
1997*

1978

1980

1980

Wonnhalde, 1998

159

Naturnahe Kinderspielplätze in Freiburg

Bernhard Utz /
Harald Rehbein

»Selbst in einer Stadt wie Freiburg mit 200 000 Einwohnern ist für rund 25 Prozent der Fünf- bis Zehnjährigen, also für ungefähr 2 000 Kinder, die Aktionsraumqualität im Wohnumfeld schlecht oder sehr schlecht.«

Dieses Fazit aus der von Baldo Blinkert und seinem Freiburger Forschungsinstitut für angewandte Sozialwissenschaft (FIFAS) 1993 im Auftrag der Stadt erstellten Studie »Aktionsräume von Kindern in der Stadt« hat die Verantwortlichen, die sich um die Spielräume in unserer Stadt kümmern, aufgeschreckt. Die Verantwortlichen sind: der Gemeinderat, die Stadtverwaltung (vor allem das Kinderbüro und das Gartenamt) sowie die Arbeitsgemeinschaft Freiburger Kinderspielplätze. Letztgenannte gibt es in Freiburg seit über 25 Jahren. Die Mitglieder, an dem Thema Spielräume für Kinder und Jugendliche interessierte Männer und Frauen, treffen sich etwa viermal im Jahr einen halben Tag lang, um durch Diskussionen, Informationsaustausch, Abstimmung und gemeinsame Erklärung die Aktionsraumqualität für Kinder zu entwickeln. Es wurde und wird hier eine wichtige Arbeit im Hinblick auf die Anlage, Ausstattung und Gestaltung von Spielplätzen geleistet, wobei das Hauptaugenmerk jahrelang auf die Optimierung der Spielgeräte gerichtet wurde.

Die Kinderstudie brachte viele neue Ergebnisse und Erkenntnisse, vor allem auch zu dem Thema »Naturnahe Kinderspielplätze«. Die Arbeitsgemeinschaft Freiburger Kinderspielplätze hat sich in mehreren Sitzungen mit der Kinderstudie beschäftigt und für Freiburg die entsprechenden Konsequenzen diskutiert, die heute von den zuständigen Ämtern der Stadt umgesetzt werden.

Die Kinderstudie empfiehlt drei Prinzipien für kindliche Aktionsräume:
• die Vernetzung
• die Vielfalt
• die funktionale Unbestimmtheit.

Die funktionale Unbestimmtheit ist, was die Planung und den Unterhalt von 150 Kinderspielplätzen angeht, für das Freiburger Gartenamt inzwischen zu einem wichtigen Thema geworden, zumal eine weitere Erkenntnis der Studie lautet: »Das unbeaufsichtigte Spiel im Freien beträgt nur noch 5 Prozent der Zeit eines Kinderalltages oder, anders gesagt, nicht mehr als 40 Minuten pro Tag.« Das heißt, die Aktionsräume in der Stadt sind offensichtlich für Kinder unattraktiv geworden. Um Kindern attraktive Spielräume im Freien zu schaffen, müssen die oben genannten Prinzipien Anwendung finden. Das Gartenamt hat daraus für die Planungs- und Realisierungsphase von Spielplatzneu- und -umbauten folgende Regeln abgeleitet:

• Besonders ausgewählte, herkömmlich ausgestattete Spielplätze sollen »zurückgebaut« werden (Spielgeräte, Betoneinfassungen etc. sollen entfernt werden).

• Spielorte sollen Kindern Möglichkeiten zur Gestaltung bieten: zum Unternehmen, Entdecken und Bauen, aber auch zum Lernen, wie man Probleme löst. Kinder sollen hier die Elemente Erde, Wasser, Luft und Feuer erleben und ein Verhältnis zu Umwelt und Natur aufbauen können.

• Kinder, Eltern und Nachbarn sollen an der Umgestaltung in Planung und Ausführung beteiligt werden, dies gilt sowohl für den Neubau als auch für den Umbau von Spielplätzen.

Spielplatz auf dem Mundenhof

Erlebnisspielplatz Weingarten

Faszination Wasser

BERNHARD UTZ /
HARALD REHBEIN

oben links:
Spielplatzpatin
auf dem Spielplatz
Erwinstraße

oben rechts:
Bauaktion
Spielplatz
Kreuzstraße

unten links:
Aufgesägte
Fässer
als mobile
Spielgeräte

unten rechts:
Spielplatz-
modell,
Rieselfeld

• Eine entsprechende Rahmengestaltung ist notwendig: ein vielfältig strukturiertes und formbares Umfeld mit Tälern, Hügeln, Nischen und Kratern.
• In Vertiefungen muss sich Regenwasser sammeln und Matsch bilden können.
• Fließendes Wasser in Trinkwasserqualität sollte vorhanden sein.
• Standortgerechte Vegetation soll sich nach der Bauphase weitgehend selbst überlassen werden. Spontanvegetation ist erwünscht. Es müssen robuste Pflanzen verwendet werden.

• Naturnahe Materialien sind bevorzugt zu verwenden, zum Beispiel Natursteine, Kletterbäume, Balancierstämme, Erde, Sand, Lehm, Rindenmulch.
• Bewegliche Gegenstände wie Bretter, Äste, Stangen, Balken, Steine, Autoreifen, Seile müssen angeboten und immer wieder ersetzt werden.
• Offensichtliche Gefahrenquellen sind zu vermeiden. In Zweifelsfällen sind der TÜV oder die Versicherung einzuschalten.
• Beliebte Geräte wie Schaukeln, Rutschen oder Wippen sollen erhalten beziehungsweise neu installiert werden.

162

• Ein vielfältiges Angebot an Sitzmöglichkeiten ist für alle Spielplatzbenutzer notwendig und soll zur gegenseitigen Kontaktaufnahme anregen.

In den vergangenen fünf Jahren, 1995 bis 2000, wurden unter Beachtung dieser Regeln dreizehn vorhandene Spielplätze umgebaut (»rückgebaut«) und elf Plätze neu angelegt.

Inzwischen gibt es ausreichend Erfahrung mit der Benutzung und Unterhaltung dieser Anlagen:

• Die als Probelauf deklarierte neuartige Gestaltung der ersten fünf Spielplätze im Jahre 1995 wurde von allen Seiten sehr positiv bewertet und gilt als Gestaltungsrichtlinie für alle künftigen Anlagen.

• Das Aussehen eines umgestalteten Spielplatzes erfordert eine Änderung der gewohnten ästhetischen Vorstellungen.

• Es vergeht mindestens ein Jahr, bis sich ein einigermaßen »grüner« Findruck einstellt. Mehrere Jahre vergehen, bis die angestrebte »Verwilderung« der Vegetation räumlich wirksam wird und die ersten Nüsse, Kirschen oder Beeren geerntet werden können.

• Die Herstellungskosten können gegenüber »konventionellen« Spielplätzen um bis zu 25 Prozent gesenkt werden. Am stärksten fallen die Entsorgungskosten beim »Zurückbauen« ins Gewicht.

• Die Unterhaltungskosten sind ebenfalls geringer, da Wartungsarbeiten für die Spielgeräte weitgehend entfallen. Neue Kosten entstehen jedoch dadurch, dass Bau- und Spielmaterial laufend ersetzt werden muss und Abfälle aus hygienischen Gründen regelmäßig zu beseitigen sind.

• Plätze des neuen Typs werden stärker genutzt als erwartet.

• Kritik aus der Nachbarschaft über zu viel Lärm durch zu viele Kinder und Beschwerden über verdreckte Kleidung beschränken sich auf wenige Einzelfälle.

• Das Medieninteresse und -echo reißt nicht ab.

• Die Bereitschaft der Begleitpersonen, mit Kindern zu spielen, ist höher als auf herkömmlichen Gerätespielplätzen, was sich an der Übernahme von einigen Spielplatzpatenschaften schon gezeigt hat.

• Kinder und Jugendliche sind für Anregungen zum kreativen Spiel oder aktivem Mittun dankbar. Entsprechende Aktionen mit »Animateuren« (Künstler, Pädagogen) werden ein- bis zweimal pro Jahr angeboten und machen den Kindern Mut, bisher »Verbotenes« wie Löcher buddeln oder Baumhäuser bauen zu wagen.

Die Zahl der gemeldeten Unfälle ist nicht angestiegen.

Umbau und Neubau von Spielplätzen mit Bürgerbeteiligung

Nach den bisher genannten Kriterien werden alle zukünftig geplanten Spielplätze hergestellt und die vorhandenen entsprechend umgestaltet. Ein wichtiges Anliegen des Gartenamtes ist die breite Beteiligung von Bürgern und Bürgerinnen aus dem Umfeld des Spielplatzes. In einer vorgeschalteten Ideenfindungsphase werden Anregungen und Bedenken aufgenommen, die dann in der Planung Berücksichtigung finden. Durch mehrere Workshops und Mithilfeprojekte während der Bauzeit identifizieren sich die Teilnehmerinnen und Teilnehmer zunehmend mit dem Projekt. Vandalismus und Ruhestörung durch lärmende Kinder sind kaum noch ein Problem.

Bernhard Utz/
Harald Rehbein

Mädchengerechte Spielplätze

»Platz da« war das Thema einer Fachtagung im Februar 1999, zu der das Freiburger Kinderbüro eingeladen hatte. Mädchen im öffentlichen Raum mit ihren Ansprüchen und Wünschen waren Gegenstand der Referate. Anstelle von Anlagen zum Fußballspielen oder Skateboardfahren sind Schwätzecken oder Gummitwistanlagen gefragt. Mädchen spielen in kleineren, altersgleichen Gruppen und mehr in Wohnungsnähe. Ihre Spiele sind nicht auf Wettbewerb ausgelegt. Sie brauchen keinen speziell angelegten Raum, sondern wollen an den vorhandenen Räumen teilhaben können. Diese Erkenntnisse sollen bei den nächsten Planungen ausdrücklich Berücksichtigung finden.

Spielplatzpatenschaften

Spielplatzpatenschaften sind ein Projekt des Gartenamtes, des Spielmobils und des Kinderbüros der Stadt Freiburg. 150 Kinderspielplätze in Freiburg werden vom Gartenamt regelmäßig gereinigt, auf Beschädigungen untersucht und gegebenenfalls repariert. Eine Betreuung der Kinder ist aus personellen und finanziellen Gründen leider nicht möglich. Ein Spielplatz lebt jedoch von zusätzlichen Aktivitäten und Aktionen wie Feuer machen, Theater spielen, malen oder kleine Feste feiern. Um diesen vielseitigen Spiel- und Erlebnisraum auszufüllen, wird die engagierte Hilfe von Müttern, Vätern, Omas und Opas als Paten bzw. Patinnen benötigt. Eine Spielkiste mit allen möglichen Werkzeugen und Spielgeräten steht zur Verfügung. Die ersten Patenschaften machen Mut zur Fortsetzung des Projektes.

Spielplatz Kreuzstraße

Umgestaltung von Schulhöfen

Seit 1989 gibt es das städtische Programm zur Umgestaltung von Pausenhöfen. 37 Schulhöfe wurden seitdem umgebaut oder mit Spieleinrichtungen versehen. 100 000 Mark stellt die Stadt Freiburg seitdem jährlich für diesen Zweck bereit – als Hilfe zur Selbsthilfe. Denn die Schulen müssen ein Drittel der Kosten für die Maßnahmen selbst tragen – in barer Münze oder in Form von Eigenarbeit. Die zweite Voraussetzung für städtische Hilfe: Die Pausenhöfe müssen in der unterrichtsfreien Zeit für Kinder und Jugendliche aus der Nachbarschaft offen sein. Durch diese zusätzlichen Spieleinrichtungen an den Schulen wird das Spielangebot wesentlich erweitert, so dass ein engeres Netz öffentlicher Spielräume entstanden ist.

Stadtgarten

Bauaktion im Vauban

»Das Kind will sich mit seiner Umwelt auseinander-setzen, es will etwas erfahren, erleben, mit allen Sinnen (hören, sehen, riechen, schmecken, tasten) mit allen Elementen (Erde, Wasser, Feuer, Luft), in der Harmonie von Kopf, Herz und Hand und in der Gemeinschaft.«

(Hugo Kükelhaus)

165

Familie Julius Mez in Günterstal, 1898

Vier Kindheitserinnerungen
Zusammengestellt von Carola Schelle-Wolff

Zwei Freiburgerinnen und zwei Freiburger, in unterschiedlichen Gegenden und in verschiedenen Jahrzehnten aufgewachsen, erinnern sich an ihre Kindheit. Sie erzählen vor allem, wo und wie sie im Alter von etwa vier bis zwölf Jahren gespielt haben.

Drei der folgenden Beiträge basieren auf Interviews, die Christa Geischer-Blinkert 1992 geführt hat und die sie für diese Publikation dankenswerterweise zur Verfügung gestellt hat. Ein Interview hat die Herausgeberin aufgezeichnet.

Die Texte geben die gesprochene Sprache leicht überarbeitet und gekürzt wieder.

166

1. *Ella R., geboren 1914, aufgewachsen in der Unterwiehre, in der Hummelstraße gegenüber dem Faulerbad, hatte noch drei jüngere Geschwister, berichtet über ihre Kindheit nach dem ersten Weltkrieg (zwischen 1918 und 1925):*

Am Hummelplatz [gemeint ist der Kreuzungsbereich Hummelstr., Mattenstr., Freiau, d. Verf.] war die Lederkaserne.[1] Der Platz war vor dem ersten Weltkrieg Exerzierplatz und nach dem Krieg ein idealer Platz zum Spielen. Nebendran ist heute das Rotteck-Gymnasium. Der eine Eichenbaum, an dem wir geschaukelt haben, steht heute noch.

Die Türen der Häuser in der Gegend waren alle offen, dort konnten wir ideal Verstecken spielen. Auf Bäume durften wir nicht klettern, doch wenn keiner geguckt hat, sind wir trotzdem rauf. Bis wir etwa zwölf Jahre alt waren, haben Jungen und Mädchen zusammen gespielt.

In der Mattenstraße wohnten Arbeiterfamilien, im Viertel Lessingstraße, Hummelstraße, Kronenstraße besser gestellte Familien. Mit denen haben wir meistens gespielt. In der Freiau hatten viele Familien acht bis zehn Kinder und lebten in einer Dreizimmerwohnung. Oft gab es sogar nur Zweizimmerwohnungen, wie in Haslach. Kinder zum Spielen waren immer genug da.

Wir haben Ribbling [Murmeln, d. Verf.] gespielt, haben ein Loch am Haus gemacht und gemurmelt. Hopsspiele haben wir gemacht und Seilhüpfen. Außerdem haben wir Reigen getanzt und Lieder gesungen. Manchmal hat es Leute gegeben, denen das zu laut war, vor allem wenn wir jemanden beim Schlafen gestört haben. Dann gab's Ärger.

In der Nähe gab es außerdem die Kronen-Säge, auch die war sehr interessant zum Spielen. Wir sind verbotenerweise zwischen den dort gelagerten Baumstämmen herum geturnt, aber sobald wir den Aufpasser gesehen haben, sind wir abgehauen, denn der hatte immer einen Stock dabei. Bis zum Bahndamm runter ging unser Revier. Wenn wir Zeit hatten, sind wir aber auch bis zum Lorettoberg in den Steinbruch gelaufen. Außerdem war ja bei uns die Dreisam. Die war im Sommer und im Winter interessant. Dort sind wir Schlitten gefahren, und im Sommer haben wir einen Weiher aufgestaut und standen ohne Kleider bis zum Bauchnabel im Wasser. Von mir hat die Polizei dreimal die Kleider mitgenommen, weil das Baden verboten war. Die Kleider musste ich jedes Mal an der Ecke Basler-/ Günterstalstraße bei der Polizei abholen. Ins Faulerbad sind wir mit der Familie nicht gegangen, denn das kostete Geld, und da ist immer gespart worden. Schwimmen habe ich in der Schule gelernt. In der fünften Klasse waren wir jede Woche im Schwimmbad: im Sommer im Faulerbad, im Winter im Marienbad. Das erste Fahrrad hatte ich bereits mit vier Jahren. Ich habe so lange gebettelt, bis mein Vater nachgegeben hat. Es war eins vom Fahrradhändler Oehler in der Wilhelmstraße, ein Kinderfahrrad. Das war etwas ganz Besonderes in der Zeit. Es hat lange gedauert, bis ich richtig Rad fahren konnte, d.h. fahren konnte ich, nur absteigen nicht. Mit dem Rad war ich bekannt wie ein roter Hund. Ich bin bis nach Munzingen und Tunsel gefahren.

Wir hatten auch einen Holländer und einen ganz großen Schlitten, auf den wir alle sechs drauf gepasst haben. Mit dem sind wir im Winter oft abends an die Französenschanze im Sternwald gegangen und sind zu sechst den Berg runter.

Ich hatte auch Schlittschuhe. Gefahren bin ich bei Hölderle, da musste man allerdings bezahlen, und auf den gefrorenen Wiesen beim Bahnbetriebswerk Basler Straße. Dort konnte man nicht nur Schlittschuh, sondern auch Schlitten fahren.

Bei Regen haben wir im Treppenhaus gespielt und sind das Treppengeländer vom vierten Stock runter gerutscht. Oder wir waren in unserer Küche. Ich hatte eine Puppenstube und einen Kaufladen, viele Spielsachen hat mein Vater selbst gebastelt.

Wir haben viel Ball gespielt, an die Wand. Dabei sind auch mal Scheiben zu Bruch gegangen. Mein Vater hat dann Maß genommen und ich musste beim Großhändler in der Katharinenstraße die passende Scheibe holen. Fußball ist damals bei uns nicht gespielt worden.

Gespielt haben wir auch mit Reifen, außerdem haben wir Seilhopsen gemacht. Zwischen Kronen- und Kaiserbrücke war damals schon ein Spielplatz: Es gab einen Barren, ein Reck, zwei Schaukeln und einen Sandkasten. Da waren wir auch manchmal.

Wir hatten eine strenge Mutter, der mussten wir helfen. Als ich zwölf war und meine Schwester neun, betrieb meine Mutter eine kleine Wäscherei. Wir Mädchen haben die Wäsche im Gesellenhaus – heute sagt man Kolpinghaus – montags geholt und samstags haben wir sie wieder zurück gebracht. ◖F

1901

Anmerkungen

¹ Gemeint ist eine kleine Kaserne, die seit Anfang des Jahrhunderts in der Mattenstraße 1a untergebracht war und über Büroräume für die 29. Feld-Artillerie Brigade und das 3. Bataillon des Infanterie-Regiments 113 verfügte.

² Gemeint ist das Dampfsägewerk von Norbert Müller, Hummelstr. 10.

Wiehre, nach 1910

1899

2. *Margarethe W., geboren 1922, als Einzelkind in der heutigen Erasmusstraße gegenüber dem Stadtgarten aufgewachsen, berichtet über ihre Kindheit Ende der zwanziger, Anfang der dreißiger Jahre.*

Zum Spielen war der Stadtgarten, der damals ganz anders angelegt war, eigentlich nichts. Dort gab es Affenkäfige am hinteren Ausgang, es gab Rehe, Fasane und Täubchen, aber keine Spielgeräte. Mit einem Kinderwagen durfte man nicht rein, der musste draußen abgestellt werden. Der Rasen durfte nicht betreten werden. Ein strenger Feldhüter hat die Leute reglementiert.

Ein Spielplatz war am Fuße des Schlossberges, auf der anderen Straßenseite vom Stadtgarten. Dort gab es Schaukeln, ein Karussell, eine Wippe, einen Sandplatz: Großer Komfort war da wirklich nicht.

Ich habe auch am Karlsplatz gespielt. Das war ein Platz mit Kastanienbäumen und Bänken drunter. Dort sollte ich aber nicht spielen wegen der vielen Arbeitslosen, die dort saßen, Karten spielten und Bier tranken. »Mach einen großen Bogen drum herum, wenn Du einkaufen gehst«, ermahnte mich meine Mutter. Wo heute der ADAC ist, war ein kleiner Hügel, mit Bäumen drauf. Dort sind wir runter gerollt oder Schlitten gefahren.

In unserer Umgebung gab es nicht viele Kinder. An der Ecke stand ein großes Privathaus, das einer jüdischen Familie gehörte. Dort wohnten zwei Mädchen, die ein Jahr jünger bzw. ein Jahr älter als ich waren. In deren Garten habe ich viel gespielt. Die Haushälterin der Familie hat mich nach Günterstal oder ins Faulerbad mitgenommen. Dort gab es damals ein Familienbad und ein Damenbad. Das Damenbad war asphaltiert, das Familienbad mit Gras. Schwimmen habe ich alleine gelernt. Da wir uns keinen Korkschwimmgürtel leisten konnten, haben wir Blechbüchsen als Schwimmhilfe aneinandergereiht.

Wir sind den Erwachsenen sehr respektvoll begegnet. Wenn am Garten der jüdischen Familie Nachbarsleute vorbei kamen, sind wir raus, haben die Hand gegeben, haben einen Knicks gemacht und gegrüßt. Meine Mutter wurde oft angesprochen: »Sie haben ja ein freundliches Töchterchen.« Anfang der dreißiger Jahre hat die Familie Haus und Fabrik verkauft und ist ausgewandert.

In unserem Hof durfte ich nicht spielen, der Hausverwalter hat es nicht erlaubt. Einige Häuser weiter wohnten zwei Jungen, bei denen haben wir im Hof unter dem Gebüsch Zelte gebaut und auch gekocht. Einer hat Haferflocken mitgebracht, einer Äpfel oder so etwas. Hier haben wir viel gespielt.

Ich hatte eine Schulfreundin, deren Eltern ein Korbwarengeschäft in der Nußmannstraße besaßen. Mit dieser Freundin bin ich oft in die Kasernenstraße. Dort war ein Bächle und wir haben Stellfallen gebaut, das Wasser gestaut und gebadet.

Wir haben Ball gespielt, an die Wand, Zehnerle haben wir gesagt, außerdem Himmel und Hölle, das ist ein Hopsspiel, oder mit dem Kreisel. Dafür brauchte man allerdings eine gute Asphaltfläche, auf Sand war das nichts. Roller gefahren sind wir auch. Es gab bei uns kaum Verkehr. Der Eismann kam regelmäßig mit langen Eisstangen in unsere Straße oder der Bierwagen mit Pferden. Als ich noch nicht zur Schule ging, kam jeden Morgen der Milchmann mit einem Schubkarren, an dessen Griffen die Maße hingen: große Kannen für die Milch und kleine für

oben links:
1928

oben rechts:
20er Jahre

unten links:
1928

unten rechts:
Bertoldstraße,
1930

Sahne. Da kamen dann die Leute mit eigenen Gefäßen oder Pfandflaschen und holten Milch.

Täglich bin ich zur Herrenstraße und zur Nußmannstraße zum Einkaufen gegangen. Vom Martinstor musste ich die Freiburger Zeitung holen.

Oft habe ich alleine auf der Treppe mit meinen Puppen gespielt: besonders gerne Schule. Ich hatte einen Puppenwagen und eine große Zelluloidpuppe von meiner Tante.

Ich war in der Tivolischule. Zur Schule sind wir gelaufen. Wir hatten einen Aluminiumbecher am Ranzen für die Schulmilch. Auf dem Nachhauseweg haben wir beim Brunnen Ecke Weiherhof- und Stadtstraße Halt gemacht und mit unseren Bechern das Wasser verspritzt und rumgekaspert.

Als ich etwa zehn Jahre alt war, durfte ich auch alleine ins Faulerbad oder im Winter zum Schlittschuhlaufen zum Hölderle, das war eine Kunsteisbahn Richtung Günterstal. Ich bin zu Fuß hingelaufen und mit der Straßenbahn zurück.

Als ich zwölf war, habe ich ein kleines Kind gehütet und ein paar Groschen verdient.

171

1944

3. *Karlheinz T., geboren 1931, als Einzelkind aufgewachsen in Haslach, berichtet von seiner Kindheit in den dreißiger und frühen vierziger Jahren:*

Wir wohnten in Haslach in der Damaschkestraße, früher Paul-Billet-Straße, in der Nähe des Südbahnhofs. Dort waren große Loren mit Erz, das am Schönberg gebrochen worden ist. Auf den Loren haben wir gespielt, das war höchst gefährlich. Zu dritt oder viert haben wir die Loren auf Rampen geschoben und sind dann runter gefahren ohne zu bremsen. Als die Eltern das mitbekommen haben, haben sie die Hände über dem Kopf zusammengeschlagen.

Wir konnten auf den Straßen spielen. In der Woche kam vielleicht mal ein Postauto, das ein Paket gebracht hat, aber das war selten, und einmal in der Woche der Gemüsehändler mit dem Auto, sonst nichts. Wenn ein Auto kam, haben wir versucht, uns hinten anzuhängen und ein Stück mitzufahren, die waren nicht so schnell. Hinter den Häusern waren große Rasenflächen. Da gab es allerdings keine Sandkästen, dafür aber Wäschestangen. Wenn keine Wäsche daran hing, haben wir darauf geturnt. Auf dem Rasen haben wir Fußball gespielt und zum Leidwesen der Bewohner haben wir Anfang des Krieges, als man Luftschutzkeller brauchte, in den Rasen Höhlen gebaut, die wir mit alten Autoteilen oder ähnlichem abgedeckt haben. Das waren dann unsere Luftschutzbunker. Da haben wir gespielt. Wenn Fliegeralarm war, sind wir in diesen Gruben verschwunden anstatt zu Hause im Keller.

Wir mussten uns selber beschäftigen. Spielgeräte gab es nicht viel. Was wir oft gemacht haben, war

172

Triller schlagen, d.h. einen Holzkreisel mit einer Schnur treiben. Wer den Kreisel am längsten oben halten konnte, war Sieger.

Wir hatten kleine Tennisbälle. Fußbälle, wie man sie heute kennt, gab es nicht, d.h. wir hatten keine. Mit den Bällen haben wir gekickt und geköpft. Hockey haben wir mit dem umgedrehten Spazierstock des Großvaters gespielt.

Wir haben auch Ribbling gespielt, wie wir in Freiburg sagen, Murmeln. Die hat man mal ab und zu beim Einkaufen gekriegt. Wir hatten nur ganz wenige Glasmurmeln. Wer die hatte, war König. Gemurmelt haben wir auf der Straße. Am Bordstein haben wir ein kleines Loch gemacht, in das man rein treffen musste. Wer verloren hat, verlor seine Murmeln. Da gab's manchmal Tränen.

Fahrräder gab es nach Anfang des Krieges so gut wie keine mehr, d.h. die Räder schon, aber Reifen gab es keine. Teilweise sind wir auf den Felgen gefahren, und entsprechend sahen die Räder nach kurzer Zeit aus.

In meiner Nachbarschaft war ein Bub, der einen Tretroller hatte. Da durften wir ab und zu mal mitfahren, wenn er gut drauf war. Er hatte überhaupt fast alles, auch einen Holländer. Manchmal hat er jemanden zum Spielen gebraucht, dann sind wir auch in den Genuss gekommen. Aber neidisch waren wir nicht.

Für kleine Kinder gab es Sandelgeschirr, aber mit fünf, sechs Jahren haben wir damit nicht mehr gespielt.

Rollschuhe hatte ich nicht. Mein Vater war arbeitslos, da war Schmalhans Küchenmeister.

Kindergarten war natürlich in Haslach, aber da bin ich nur selten hingegangen. Meine Mutter hat das erst gemerkt, als ich einmal in den Bach gefallen bin.

Haslach, 1935

Günterstaler Rasselbande, 1935

ca. 1940

173

Carola Schelle-Wolff

ca. 1940

*Haslach,
1937*

Meine Mutter hatte mal eine Zeit lang gearbeitet, und da hat man mich morgens abkommandiert in den Kindergarten.

In unserem Haus wohnte ein Mädchen, das war so alt wie ich, und deren Eltern waren auch arbeiten. Wir zwei sind dann statt in den Kindergarten an den Dorfbach gegangen und haben dort gespielt. Das kam erst raus, als ich mal dringelegen bin. Das Theater war riesengroß.

In den Dorfbach haben wir Stecken geworfen und Steine oder Stellfallen gebaut. Dort hat man fast alle Kinder aus Haslach getroffen, die nicht in den Kindergarten gingen.

Das Haslacher Bad hat man in der Bauphase als Entenbad bezeichnet, weil dort am Dorfbach oft Enten waren. Dort war das Mädchenbad. Die Mädchen aus Haslach haben dort in einem kleinen ausgehobenen Weiher ihre Schwimmübungen gemacht.

Im Nonnenmattenweg an der Güterbahnlinie war sogar ein Stück ähnlich einem Becken asphaltiert und mit einer Stellfalle aufgestaut. Dort waren die Buben. Wir haben uns Keksdosen mit einer Schnur als Schwimmgürtel auf den Rücken geschnallt, damit wir nicht untergehen. Korkgürtel gab es nicht, zumindest kann ich mich nicht erinnern, dass ein Kind so etwas hatte.

Die meisten Väter waren arbeitslos. Ich weiß von meiner Mutter, dass sie oft nicht wusste, wie sie das Essen bezahlen sollte. Wenn es dann mal samstags ein Stück Fleischwurst gegeben hat: Das war hoher Feiertag.

In den Haus, in dem ich aufgewachsen bin, wohnten sechs Familien, alle in Zweizimmerwohnungen, ungefähr 50 Quadratmeter, ohne Bad, eine große Wohnküche, ein kleines Zimmer und das Eltern-

174

schlafzimmer. In unserem Haus wohnten 44 Kinder. Die Kinder haben auch im Zimmer der Eltern in übereinander stehenden Betten geschlafen.

Wir haben natürlich auch Soldaten gespielt. Manchmal kamen Soldaten von der Front in die Schule. Ich erinnere mich an einen, der erzählt hat, wie viel Panzer er geknackt hat und wie. Das hat unsere Fantasie beflügelt.

Pfarrer Kistner hat in Haslach dafür gesorgt, dass Politik in der Schule oder im Jungvolk so gut wie nicht vorgekommen ist. Ich war später Ministrant. Da gab es kein Problem: Am Sonntagmorgen war kein Hitlerjugend-Dienst, denn Pfarrer Kistner hatte mit den Leitern ein Abkommen getroffen: »Am Sonntag gehören die Buben mir, da sind sie in der Kirche.« Er hatte den Vorteil, dass er sehr beliebt war und dass er die meisten der damaligen Jungvolkführer und -führerinnen gut kannte, denn sie waren mal seine Schülerinnen und Schüler.

Im Jungvolk haben wir viel Sport gemacht und Wanderungen. Die heutige Schenkendorff-Schule wurde am Anfang des Krieges oder sogar noch vor Kriegsbeginn als Jugendheim für Haslach gebaut. Die war belegt von der Hitlerjugend. Dort war eine kleine Halle, in der man Sport machen konnte, und es waren Wiesen drum herum, auf denen wir Sport getrieben haben.

Gegenüber der Badischen Zeitung war früher ein großes Kiesgrubengelände mit vielen Weihern und Büschen. Dort haben wir Geländespiele gemacht.

Der Schönberg war nicht weit weg. Dort sind wir sehr viel gewesen. Ich glaube, es gab damals keinen Weg und keinen Steg, den wir nicht kannten.

Zum Spielen sind wir auch noch in den Mooswald und nach Weingarten und Haid. An der heutigen Krozinger Straße waren große Gärten. Da gab es Obst und Rüben. Das war natürlich gut.

Richtung Sankt Georgen, Uffhauser Straße, waren Felder und vor allem Reben, die vor uns nicht sicher waren. Dort haben wir uns zum Leidwesen der Winzer und der Gemüsebauern rumgetrieben. Es war nicht immer alles so korrekt, wie wir uns verhalten haben. Manche Bauern oder Winzer waren großzügig, aber andere ...

Im Winter sind wir an der heutigen Opfinger Straße hinter dem Blochackerweg Schlitten gefahren, vielleicht zehn Meter, und auch an der Sichelstraße. Da war die Gärtnerei Kromer. Oder wir sind auf den Schönberg und oben gefahren. Wenn es schön eisig war, konnte man bis runter zur heutigen Andreas-Hofer-Straße fahren. Da haben wir uns auf den Schlitten gelegt, ein paar sind hinten drauf gesessen, haben die Füße eingehängt, und dann sind wir mit drei oder vier Schlitten hintereinander durch die Hohlgassen durch.

Ski gab es so gut wie keine. Schlittschuhe hatte nur der eine Junge in unserer Straße.

175

CAROLA SCHELLE-WOLFF

*Oberlinden,
1954*

*Burgunder-
straße,
50er Jahre*

4. *Uli M., geboren 1949, aufgewachsen in Herdern in der Tivolistraße, hatte noch zwei ältere Geschwister, berichtet über seine Kindheit in den fünfziger Jahren:*

Ich habe Herdern erlebt, als noch einige Bauernhöfe da waren und als die Straßenbahn noch dort fuhr. Mein Spielfeld waren die Stadtstraße und die Tivolistraße. Da gab es noch Bächle, die es heute nicht mehr gibt, und es gab sehr, sehr viele Kinder. In Herdern sind große Wohnungen, in denen Mehrgenerationenfamilien lebten.

Wir haben an und auf der Straße gespielt. Bis Ende der fünfziger Jahre hatten zwei oder drei Leute in unserer Straße ein Auto. Die Autos standen in Garagen, d.h. die Straße war autofrei. Erst in den sechziger Jahren gab es mehr Autos.

Die Mozartstraße war sehr breit. Die Straßenbahn hielt an der Wintererstraße und fuhr bis zur Kirche. Als Kinder sind wir auf der offenen Straßenbahn schwarz mitgefahren. Wir haben uns geduckt, um vom Schaffner nicht erwischt zu werden, und sind dann die eine Station bis zur Endhaltestelle gefahren.

Die Fahrt kostete für Kinder zehn Pfennig. Die Bahn fuhr bis zur Markgrafenstraße. Ich hatte viel Zeit, und ich bin oft, wenn schlechtes Wetter war, mit der Straßenbahn nach Haslach gefahren: einmal hin, einmal zurück.

Es gab viele Trümmergrundstücke: in Herdern in der Stadtstraße Richtung Stadt, bei der Ludwigskirche, bei der Wölflinstraße. Das war ein tolles Spielgebiet. Dort war alles verwildert und überwuchert. Aus heutiger Sicht war das sicher gefährlich, aber

176

oben links:
Herdern,
1947

oben rechts:
Hebsack,
1948

unten links:
Trümmer-
grundstück,
1957

unten rechts:
Stadtgarten,
1957

meine Eltern haben gearbeitet. Meine Großeltern waren zu Hause, und die wussten davon nichts.

Als Kind war ich nie allein. Auf der Straße waren immer Kinder, organisiert war nichts. Wir haben Fußball und Handball gespielt, wo Platz war. Ab 1953 war ich im Kindergarten am Herdermer Kirchplatz. Dort bin ich alleine hingelaufen. Am Kirchplatz war noch ein Bauernhof. Und dort, wo heute die Weiherhofschule steht, war ein verwildertes ehemaliges Schrebergartengelände, eine klein-dörfliche Idylle. Dort waren wir viel, auch im Umkreis [Ludwig-]Aschoff-Platz oder an der Sonn-halde. In der Rosenau gab es eine Bande, die mich

mal festgehalten hat. Die Straße habe ich gemieden. Ein paar Mal war ich im Hebsack zur Sommererho-lung von der AWO. Dort haben wir schöne Feste gefeiert.

Als Kind hatte ich keine Pflichten.

Als ich klein war, war ich immer draußen. Wir haben viel an den Bächle oder auch Indianer und Völkerball gespielt. Ein Spielzeug, das ich sehr liebte, war ein roter Roller. Den habe ich sehr lange gehabt.

Mit neun Jahren habe ich meine erste Eisenbahn bekommen. Ab zwölf war ich bei den Pfadfindern.

20 Jahre
Spielmobil Freiburg e.V.

Spielmobile...

Vor der Gründung des Vereins Spielmobil im Jahr 1980 wusste wohl kaum jemand in Freiburg, was eigentlich ein Spielmobil ist.

Die Idee und erste Ansätze dieser Bewegung entstanden Anfang der 70er Jahre in Berlin und München. Heute rollen allein in Deutschland ca. 500 Spielmobile über Stadt und Land, und das Freiburger gehört mit zu den ältesten.

Spiel...

Spielen ist die ureigenste Form der Kinder, sich die Umwelt anzueignen. Sie sind neugierig, wollen ausprobieren und entdecken. Sie schlüpfen dabei in Rollen und gestalten eigene Spielwelten. Wir stellen ihnen dafür Raum, Material und Anregungen zur Verfügung.

Mit thematischen Spielprogrammen, wie z.B. Zirkus, Jux-Olympiade, Gespenstertunnel oder Maskentheater, bieten wir einen offenen Rahmen mit hohem Aufforderungscharakter. Kreativität, Abenteuer, Gemeinschaftserlebnisse und Bewegungslust stehen dabei im Vordergrund.

178

Mobil...

Wir kommen dahin, wo die Kinder sind. Mit Spielbus, Spielkarre, Solarmobil oder Spielradl fahren wir auf Wiesen, Spielplätze, Schulhöfe oder Straßen und bringen Kindern im Alter von 6 – 12 Jahren neue Spielideen und phantasievolle Anregungen. Ziel ist es, öffentliche Räume mit Kindern für Kinder zu erobern. Mobilität beschränkt sich für uns nicht auf die Fahrzeuge und die wechselnden Einsatzorte. Wir versuchen, uns auf neue Themen und Fragen aus der Lebenswelt der Kinder einzulassen, sie aufzugreifen und damit neue Spielräume zu eröffnen.

Aufgaben...

Schwerpunkt unserer Arbeit sind die Spiel- und kulturpädagogischen Aktionen in den Freiburger Stadtteilen. Darüber hinaus entwickelten wir über die Jahre folgende Projekte:

- Das Solarmobil (Umweltpädagogik)
- Freiburger Kinder-Kunst-Dorf (Kinder-Kulturpädagogik)
- Kinderwagen Unterwiehre/Spielwagen Hochdorf (stadtteilorientierte pädagogische Handlungskonzepte)
- Kinderkino
- Stadtspiele
- Projekte in Schulen
- Spiel und Raum (Spielraumgestaltung/ Kinderbeteiligung)

Wir finanzieren unsere Arbeit hauptsächlich durch einen Zuschuss der Stadt Freiburg, ferner durch Einnahmen aus Spielaktionen im Auftrag, durch projektbezogene Zuschüsse und Mitgliedsbeiträge und Spenden.

Spieldrachen...

Unter diesem Namen gestalten wir (auch überregional) Programme bei Kinderfesten und verleihen Spiel- und Aktionsmaterial.

Neugierig?...

Interesse an unserem »Fahrplan«, an einer Dokumentation unserer Arbeit, an unserer Spielmaterialverleihliste? Wollen Sie Mitglied werden oder haben Sie einfach nur eine Frage?
Dann wenden Sie sich an das:

Spielmobil Freiburg e.V.
Kartäuserstraße 119
79104 Freiburg
Tel. (0761) 3 49 96
Fax (0761) 3 49 90

Der betreute Aktiv-spielplatz Rumpelstadt Kinderhausen
– eine Oase mitten in der Stadt.

Der Aktivspielplatz Rumpelstadt Kinderhausen befindet sich direkt hinter dem Bahnhof in der Ferdinand-Weiß-Straße 1.

Die Geschichte des Spielplatzes reicht fast 20 Jahre zurück. Im Jahr 1982 führte das Freiburger Spielmobil auf dem Gelände eine Hüttenbauaktion durch, die eigentlich als zeitlich begrenztes Ereignis geplant war. Es fanden sich jedoch engagierte Anwohner, die auf dem Stück Ferdinand-Weiß-Straße direkt hinter der Bahn über zehn Jahre lang einen Bauspielplatz betrieben und zu dessen Förderung einen Verein gründeten.

Im Jahr 1995 wurde das Gelände unter Trägerschaft eines neuen Vereins mit viel ehrenamtlichem Engagement sowie mit Hilfe des städtischen Gartenamtes entsiegelt und – unter Mitwirkung der Kinder – neu gestaltet. So wurde ein Stück ehemalige Straße zu einem naturnahen und betreuten Spielplatz.

Der Verein hat zum Ziel, das Angebot an kreativen, erlebnisorientierten und naturnahen Spielmöglichkeiten im Stadtteil Stühlinger zu verbessern, denn der durch dichte Besiedelung und starken Autoverkehr geprägte Stadtteil bietet Kindern im Grundschulalter eher wenig Möglichkeiten zum Draußenspielen. Dem konventionellen Spielplatz ist diese Altersstufe entwachsen, ihrem Bedürfnis nach Selbständigkeit und Abenteuer können die Kinder jedoch angesichts der innerstädtischen Gegebenheiten oft nicht nachgehen.

Beobachtung von Tieren, Kochen am Lagerfeuer und vieles mehr ist möglich.

Auf Rumpelstadt können Kinder gemeinsam spielen, bauen und basteln, matschen und malen, auf Bäume klettern, Feste feiern und Abenteuer erleben. Während der Öffnungszeiten sind Erwachsene als Ansprechpartner bei Problemen und als Helfer bei der Verwirklichung von Vorhaben der Kinder da. Besondere Aktionen wie z.B. die Kinderübernachtung vor den Sommerferien, Haarschneideaktionen und Feste runden das Angebot des Spielplatzes ab. So ist Rumpelstadt Kinderhausen ein Spiel-, Lern-, Kommunikations- und Aktionsraum für Kinder zwischen fünf und dreizehn Jahren.

Rumpelstadt Kinderhausen
Ferdinand-Weiß-Str. 1
79102 Freiburg
Tel. (0761) 27 27 17

Der Kontakt mit den Elementen – wie Feuer machen, Gemüse ziehen, mit Wasser spielen und Hütten bauen – gehört vor allem für Stadtkinder zu den selten gewordenen Erfahrungen. Auf Rumpelstadt ist das anders! Umgeben von alten Ahornbäumen ist Rumpelstadt Kinderhausen eine kleine Oase inmitten des städtischen Treibens. Naturerfahrung beim Spielen mit Wasser und Matsch, Gartenarbeit in eigenen Kinderbeeten, Bau von Baumhäusern,

181

KonTiki
Kontakt-Tier-Kind
Tiergehege Mundenhof

KonTiki (Kontakt-Tier-Kind) ist eine naturpädagogische Einrichtung der Stadt Freiburg im Naturerlebnis-Park Mundenhof.

Leitgedanke der Einrichtung ist es, Kindern und Jugendlichen den direkten Kontakt und die Beziehung zu Tieren zu ermöglichen und natürliche biologische Kreisläufe wieder erlebbar zu machen.

In den ehemaligen Stallungen des Stadtgutes Mundenhof ist modellhaft ein Kinderbauernhof entstanden, in dem Kinder unter pädagogischer und fachkundiger Anleitung den Umgang mit den Tieren erfahren können und motiviert werden, Verantwortung zu übernehmen.

Eine Vielzahl von Haustieren aus aller Welt wie Kamele, Pferde, Esel, Poitou-Esel, Maultiere, Alpakas, Schweine, Schafe und Ziegen, Katzen und Geflügelarten wie Pfauen, Tauben, Gänse, Enten und Hühner werden sorgsam von den jugendlichen Besuchern und den MitarbeiterInnen im KonTiki gepflegt und betreut und somit als Partner für den Menschen erfahren.

Natürliche Abläufe, wie Geburt und Tod, Paarung und Sozialverhalten der Tiere können hautnah erlebt und biologische Zusammenhänge können aktiv mitgestaltet werden, wenn z. B. ein Schaf geschoren, die Wolle in überlieferten Verfahren gewaschen, gekämmt und versponnen, gefilzt oder gewebt wird oder wenn der Werdegang vom Korn zum Brot deutlich gemacht wird.

Für Schulklassen besteht an den Vormittagen die Möglichkeit, naturkundliche Themen, die sich auf die Lehrpläne beziehen im KonTiki praktisch und anschaulich zu erfahren oder eine erlebnisorientierte Führung durch das Tiergehege mitzumachen.

Für alle Angebote steht pädagogisch und fachkundig geschultes Personal zur Verfügung.

Tiergehege Mundenhof
79111 Freiburg
Tel. (0761) 2 01-65 93
Fax (0761) 2 01-65 81

Abenteuerspielplatz
Freiburg-Weingarten

Der Platz selbst, ca. 6000 qm groß, ist eine pädagogisch betreute Einrichtung der Stadt Freiburg: ein Sozialpädagoge, eine Erzieherin, ein Erzieher sowie ein Hausmeister sind fest angestellt.

Des Weiteren gibt es einen Zivildienstleistenden, Honorarkräfte, Praktikantinnen und ehrenamtliche Helferinnen. Der Abenteuerspielplatz ist für alle Kinder und Jugendlichen zwischen sechs und fünfzehn Jahren konzipiert, durchschnittlich wird er von ca. 100–150 Kindern täglich aufgesucht. Durch den neuen Stadtteil Rieselfeld werden noch mehr Kinder und Jugendlichen auf den Platz kommen.

Der Besuch ist freiwillig und bedarf keiner Anmeldung, die Nutzung ist nicht mit Kosten verbunden. Hier lernen behinderte und nichtbehinderte Kinder, aus allen Schichten und ethnischen Gruppen, spielerisch soziales Verhalten im Umgang miteinander und mit Tieren. Hier können Fertigkeiten und Erfahrungen mit verschiedensten Materialien und den Elementen Erde – Feuer – Wasser gemacht werden. Hier lernen sie für sich und für andere Verantwortung zu übernehmen.

Eltern mit ihren behinderten Kindern aus dem Stadtteil sind jetzt schon ständige Besucher. Auf dem Abenteuerspielplatz haben diese Kinder Möglichkeiten, eine für sie unbekannte Welt kennenzulernen und zu erschließen.

Die Möglichkeiten...
Der Abenteuerspielplatz ist aufgeteilt in sechs Bereiche:

Tierbereich: mit Ponys, einem Esel, Ziegen, Schafen, Meerschweinchen, Hasen und Hühnern.
Werkstattbereich: besteht aus einer Holz-, Töpfer-, Metallwerkstatt und einer Backstube mit Holzbackofen.
Offener Spielbereich: hier können Hütten gebaut und Feuer gemacht werden, es gibt einen kleinen See zum Baden und Floß fahren.
Gartenbereich: Kinder können ihr eigenes Beet anlegen.
Naturspielplatzbereich mit Biotop.
Gruppenbereich: zwei Voltigier-, zwei Reitgruppen, Angel-, Mädchen-, Garten- und Seifenkistengruppe, Projektgruppe Drachennest.

In den Gruppen erfahren Kinder eine intensive pädagogische Zuwendung. Der Kontakt zu den Eltern wird ständig gehalten. Für diese Gruppen sind bis heute keine Gruppenräume vorhanden.

Schon jetzt wird pädagogisches Reiten mit behinderten Kindern angeboten und praktiziert, in Zukunft soll dieser Bereich noch ausgebaut werden.

Abenteuerspielplatz Weingarten
Bugginger Str. 81 b
79114 Freiburg
Tel. und Fax (0761) 44 51 66

Verzeichnis der Autorinnen und Autoren

Klaus Burger, geb. 1958, hat an der Universität in Freiburg Geschichte, Politikwissenschaft und Germanistik studiert. Er beschäftigt sich als Historiker mit der Lokalgeschichte Freiburgs unter sozial- und alltagsgeschichtlichen Fragestellungen.

Brigitte Grether, geb. 1951, Ausbildung zur Erzieherin, dann Studium an der Evang. Fachhochschule Freiburg, Diplom-Sozialarbeiterin, von 1976 bis 1987 im Freiburger Haus der Jugend beschäftigt, leitet seit 1990 das Kinderbüro der Stadt Freiburg.

Bernd Grün, M.A., geb. 1970, Studium der Neueren und Neuesten Geschichte, Germanistik und Philosophie an den Universitäten Freiburg i.Br. und Coleraine (Nordirland); 1998 Magisterexamen und seitdem Arbeit an einer Dissertation über die Rektoren der Universität Freiburg in der Zeit des Nationalsozialismus. Aufsätze zu Martin Heideggers politischer Philosophie und zur Freiburger Universitätsgeschichte; Mitglied im Vorstand des Arbeitskreises Regionalgeschichte Freiburg.

Bernd Hainmüller, geb. 1948, Dr. phil., Soziologe, Historiker und Erziehungswissenschaftler; Hauptschullehrer in Freiburg mit einem Lehrauftrag an der PH Freiburg im Fach Geschichte.

Sandra Haußecker, geb. 1970, Studium Öffentliches Bibliothekswesen an der FH Stuttgart, danach Leiterin der Kinder- und Jugendbibliothek in Leonberg und seit 1997 in gleicher Funktion in Freiburg, zusätzlich im PR-Bereich tätig.

Günther Klugermann, geb.1950, Volkswirt und Soziologe M.A., nach Versuchen als Berufsberater, Berufstherapeut, Sozialwissenschaftler und Lehrer seit 1998 selbstständig tätig in der historischen Familien- und Sozialforschung. Veröffentlichungen: Die Außenseiterposition. Zum Spannungsverhältnis zwischen Individuum und Gesellschaft. Frankfurt 1987. Mehrere Aufsätze, vor allem zu genealogischen und historischen Themen, in Büchern, Fachzeitschriften und der Badischen Zeitung.

Manfred W. Lallinger, geb. 1953, Dr. phil., nach einem mehrjährigen Forschungsprojekt an der Universität Freiburg zur Lebenssituation von Kindern mehrere Jahre Tätigkeit als Lehrbeauftragter an den beiden Freiburger Fachhochschulen für Sozialwesen sowie Lehrkraft beim Caritasverband Freiburg-Stadt. Seit 1996 Leiter des Referats Soziales und Politik an der Akademie der Diözese Rottenburg-Stuttgart.

Harald Rehbein, geb. 1944, Dipl. Ing. (FH), Garten- und Landschaftsarchitekt, Studium FH Wiesbaden, seit 1976 beschäftigt in der Planungsabteilung des Gartenamtes Freiburg; Schwerpunkt der Tätigkeit ist die Betreuung des Bürgerschaftlichen Engagements.

Carola Schelle-Wolff, geb. 1955, Dr. phil., Studium Öffentliches Bibliothekswesen an der Freien Universität Berlin und Germanistik und Geschichte an der Universität Hannover, als Bibliothekarin von 1978 bis 1995 in der Stadtbibliothek Hannover, dort Betreuung zahlreicher Ausstellungsprojekte und Publikationen, Lehraufträge an der Universität Hannover, seit 1995 Leiterin der Stadtbibliothek Freiburg.

Bernhard Utz, geb. 1941, Dipl. Ing., Garten- und Landschaftsarchitekt, Studium an der Technischen Hochschule München, danach im Stadtplanungsamt Freiburg, seit 1972 Leiter des Gartenamtes der Stadt Freiburg.

Hartmut Zoche, geb. 1945, Dr. phil., Studium der Literaturwissenschaft, Islamwissenschaft und Geschichte in Freiburg i.Br. und Poitiers. Fortbildung an der Archivschule Marburg. Tätigkeit als Archivar und Historiker. Aufsätze und Beiträge in Zeitschriften, zu Ortsgeschichten und zu amtlichen Kreisbeschreibungen.

Abkürzungsverzeichnis

Abb.	Abbildung
allg.	allgemein
Anh.	Anhang
Anm.	Anmerkung
Aufl.	Auflage
Ausg.	Ausgabe
Bd., Bde.	Band, Bände
bearb.	bearbeitet
Beih.	Beiheft
Beil.	Beilage
bes.	besonders
Bl., Bll.	Blatt, Blätter
BZ	Badische Zeitung
bzw.	beziehungsweise
ders., dies.	derselbe, dieselbe
ebda.	ebenda
f., ff.	folgende Seite(n)
FZ	Freiburger Zeitung
H.	Heft
Hrsg., hrsg.	Herausgeber, herausgegeben
Jg.	Jahrgang
Nr.	Nummer
o.J.	ohne Jahr
o.O.	ohne Ort
s.	siehe
S.	Seite
Sp.	Spalte
StadtAF	Stadtarchiv Freiburg i. Br.
StAF	Staatsarchiv Freiburg i. Br.
Tab.	Tabelle
u.a.	und andere(s), auch: unter anderem
u.v.m.	und vieles mehr
Verf.	Verfasser(in)
vgl.	vergleiche
z.B.	zum Beispiel

Verzeichnis der Leihgeber

In diesem Buch abgebildete Ausstellungsobjekte und Fotografien haben leihweise zur Verfügung gestellt:

Abenteuerspielplatz Freiburg-Weingarten
Archiv für soziale Bewegungen in Baden
Inge Bauer
Heide Bergmann
Barbara Bögelscher
Klaus Boucsein
Ulrike Braun
Rüdiger Buhl
Raimund Burgert
Eugen Dietrich
Karl Dirhold
Alois Dufner
Gisela Elmendorff-Kuenz
Richard Eßer
Herbert Erhart
Franz Frank
Rose Frey
Erna Fritsch
Anneliese Fuchs
Dr. Rudi Gall
Gartenamt der Stadt Freiburg
Christa Geischer-Blinkert
Brigitte Grether
Waltraud Guldenschuh
Helga Hähnle
Dr. Bernd Hainmüller
Carmen Herr
Erica Herr
Angela Huber-Lallinger
Lieselotte Huttenberger
Dieter Jancke
Gertraude Junker
Anneliese Kapoor
Kinderbüro der Stadt Freiburg

Kindergarten St. Angelus
Familie Klugermann
Kerstin Köpfer
Renate Kohler
Kontiki
Ulrike Kraß
Kreisarchiv Breisgau-Hochschwarzwald
Landesstelle für Volkskunde
Helga Lang
Adeline Litschgi
Lothar Mergele
Siegfried Möller
Michael Ott
Beatrix Rendler
Rumpelstadt Kinderhausen
Christa Scheuerle
Familie Schlabach
Albert Josef Schmidt
Gerhard Schütz
Spielmobil Freiburg
Staatsarchiv Freiburg
Stadtarchiv Freiburg
Stadtbibliothek Freiburg
Sylvia Stalter
Gerda Stratz
Karlheinz Thoman
Bernhard Utz
Gertrud Wagner
Marianne Weismann
Sigrid Werner
Günter Wiegand
Bernhard Wissert
Manfred Wolff
Heinz Wurzer
und weitere Personen

Abbildungsnachweis

Abenteuerspielplatz Weingarten,
S. 183

Archiv für soziale Bewegung, Freiburg,
S. 54 (rechts unten), 155

Badisches Landesmuseum Karlsruhe –
Landesstelle Volkskunde, Freiburg,
S. 80 (links unten)

Rüdiger Buhl, Kirchzarten,
S. 39, 55 (links Mitte), 71 (links), 81 (links),
151 (links u. rechts oben)

effpunkt, Bildagentur für historische
Ansichtskarten, Frieder Falkenhagen,
Freiburg,
S. 142

Fehde ist angesagt, Freiburg 1938,
S. 108, 109, 110, 112, 115, 116, 118, 122,
124, 127, 132

Führer von Freiburg, hrsg. von der Stadt
Freiburg im Breisgau 1925,
S. 65

Gartenamt der Stadt Freiburg,
S. 47 (oben), 50, 51, 52, 54 (links oben u. unten),
83 (unten rechts), 102, 103 (rechts Mitte u.
unten), 147, 153 (rechts), 158 (links),
161, 162, 164, 165, 182

Annemarie Kapoor, Freiburg,
S. 6, 69, 79, 158 (Mitte unten)

Kinderbüro der Stadt Freiburg,
S. 9 (3 Abb.)

Kindergarten St. Angelus, Freiburg,
S. 74, 77

Kreisarchiv Breisgau-Hochschwarzwald, Freiburg,
S. 6, 54 (rechts oben u. Mitte), 135
(außer rechts Mitte), 171 (unten rechts),
173 (Mitte)

Michael Ott, Freiburg,
S. 159 (links oben u. unten)

Rumpelstadt Kinderhausen, Freiburg,
S. 180, 181

Albert Josef Schmidt, Freiburg,
S. 16, 17, 18, 19, 151 (rechts unten),
153 (rechts)

Spielmobil Freiburg e.V.,
S. 178

Staatsarchiv Freiburg,
W134 Sammlung Willy Pragher,
S. 29 (Bildnr. 84079 E), 33 (Bildnr. 112872 B),
70 (unten [Bildnr. 80547 G])

Stadtarchiv Freiburg,
S. 40, 41, 47 (Mitte u. unten), 58, 59 (oben),
64, 82 (oben u. unten links), 83 (links oben),
89, 90, 92, 95, 114, 121, 143, 144, 166

Stadtbibliothek Freiburg,
S. 13, 103 (links)

Hans Peter Vieser, Freiburg,
S. 12

Heinz Wurzer, Freiburg,
S. 70 Mitte

Alle übrigen Abbildungen wurden von
privaten Leihgebern zur Verfügung gestellt.